JN033123

図説

チェコとスロヴァキアの歴史

薩摩秀登

河出書房新社

はじめに

筆者は二〇〇六年に、本書と同じシリーズで『図説 チェコとスロヴァキア』を執筆した。当時のチェコとスロヴァキアは、冷戦終了に伴う劇的な体制転換および民主化から17年、念願のEU（ヨーロッパ連合）加盟も果たした直後で、「ヨーロッパの普通の国」としてすっかり定着した頃であった。筆者はこの著書において、最初に両国の首都プラハとブラチスラヴァ、そして由緒あるいくつかの地方都市を紹介した後、両国の歴史を主に政治的展開を中心にたどり、途中で各地に点在する古城にまつわる話をエピソード的にはさみ込んだ。そうすることで、チェコとスロヴァキアという二つの国が歩んできた歴史の全体的な流れをとらえ、併せてその国土の独特な魅力についても語ることができたと考えている。

その後も折にふれて現地を訪問し、各地をめぐり歩いているうちに、主要な事件や政治的展開以外の部分にもっと光をあてて、もう一度この二つの国の歴史をまとめてみたいと考えるようになった。小さな国とはいえ、その中でそれぞれの地域ごとにたどってきた歴史がある。今なお往時の面影を強くとどめる各地の都市で、そしてその背後に広がる素朴な農村で、人々はどのように生きてきたのか、ぜひともきちんととりあげたかった。さらに、前の著書ではごく簡潔にしか触れられなかったユダヤ人やロマ、そしてまったく取り上げられなかったプロテスタント系マイノリティなどの人々にも、もっと触れる必要があると考えた。

本書は、そのようにしてなるべく各地域の

現在のチェコとスロヴァキア
1918年に登場したチェコスロヴァキア共和国は、69年1月1日に連邦化し、93年1月1日に分離した。地形的には、ヨーロッパ南北を隔てる分水嶺上に位置している。

状況にも目を配り、多様な人々が織りなしてきたチェコとスロヴァキアの歴史を描こうと試みたものである。もちろんこれではまだまだ不十分かもしれない。しかし、実際に人々の暮らしていた社会にも視線を向けることで、歴史をより広い視野で捉えようというねらいはご理解いただけるのではないかと思う。

チェコとスロヴァキアはどちらも、ヨーロッパの内奥部に位置する小さな国である。ヨーロッパ史や世界史の大きな流れの中で、常に目立った役割を演じてきたというわけではない。しかしそこに住む人たちのたどってきた歴史は、深い部分で、こうした広い世界と結びついている。小さな国にいかに多彩な歴史が凝縮されているか、それを解き明かしていくのも、こうした国々の歴史に分け入ることの面白さの一つだと思う。

はじめに 002

第1章 モラヴィア国とプシェミスル朝チェコ 006

第2章 繁栄と動乱のチェコ——ルクセンブルク朝からヤゲウォ朝へ 017

第3章 ハプスブルク君主国の形成とチェコ 029

第4章 チェコとモラヴィアの都市と農村——中世から近世 041

第5章 中・近世のスロヴァキア 052

第6章 ハンガリー三分割時代からハプスブルク家の統治へ 060

第7章 067 チェコにおける国民社会の形成
第8章 080 スロヴァキア国民社会の登場
第9章 090 共和国の成立・解体・再興
第10章 104 冷戦期のチェコスロヴァキア
終章 116 連邦解体とその後
121 あとがき
122 チェコとスロヴァキアの歴史略年表
126 主要参考文献

カバー下部写真提供：Getty Images

第1章

モラヴィア国とプシェミスル朝チェコ

スラヴ人の到来

［上］**ジープ山** 19世紀の画家ユリウス・マジャークの絵。プラハ北方35キロほどにある小山で、実際にはあまり目立たない。この絵ではかなり誇張され、ロマンティックに描かれている。頂上には12世紀に建てられた礼拝堂がある。
［下］**モラヴィア国の教会遺構** モラヴィア南部ウヘルスケー・フラジシチェ近郊。地元の有力者が850年代から870年代にかけて建設したものと推定され、周囲には多くの墓地も見つかっている。

現在のチェコ共和国は、主にチェコとモラヴィアの二つの地方から成り立っている。チェコはエルベ川の上流およびその支流ヴルタヴァ（ドイツ語ではモルダウ）川の流域に広がる緩やかな盆地状の地方で、ラテン語や英語ではボヘミアという。モラヴィアはその東にあり、こちらはドナウ川に北から流れ込むモラヴァ川流域の広々とした谷間である。ポーランドとの国境に沿った一部の地域はシレジア地方に属しているが、これについては後で説明しよう。

プラハで聖堂参事会長を務めたコスマス（一一二五年没）の年代記によれば、チェコにはもともと誰も住んでいなかった。しかしある時、ボヘムスという長老に率いられた一団がここにやって来た。そしてのちにジープと呼ばれるようになる山のふもとまで来ると、この豊かな土地を大変気に入り、ここを住みかに定め、ボヘミアと命名したという。これは旧約聖書の物語をまねた創作であり、ボヘムスという人名もボヘミアをもとにした造語である。

もともとボヘミアという地名は、ローマ帝国時代にこの地に住んでいたケルト人の一部族ボイイ人に由来する。その後ここにはゲルマン人の一部族マルコマンニ人などが住んでいたが、民族移動の時代にほとんど姿を消した。そして六〜七世紀に遊牧の民アヴァール人が東方からヨーロッパに進出した時、これとほぼ前後してスラヴ系の人々が移住してきた。スラヴ人はヨーロッパ系の言語を話す人々で、ポーランドからウクライナにかけての地域に住んでいたが、この時代に北はバルト海から南はバルカン半島に至る広い範囲に拡散し、チェコやモラヴィアもその中に含まれていたのである。

モラヴィア国と古代スラヴ語の誕生

アヴァール人は二〇〇年ほどヨーロッパ東部に君臨したが、その国家は九世紀初頭に解体し、この頃からスラヴ人たちの間でいくつか自立政権が登場する（これに先立つ六二三年頃から六五八年頃にかけてサモという人物に率いられたスラヴ人の国があったという記録があるが、その実在は疑問視されている）。なかでもモラヴァ川流域を中心に、現在のチェコとスロヴァキアにまたがる形でモイミールという首長が築いた国家は約一〇〇年間栄え、モラヴィア国などという名で西側のフランク王国や東側のビザンツ（東ローマ）帝国の記録に登場する。また現在のスロヴァキア南西部のニトラではプリビナという人物が自立政権を率いていたが、まもなくモラヴィアに吸収された。現在、モラヴィア南部のミクルチツェやウヘルスケー・フラジシチェなどではモラヴィア国の大規模な集落跡が発掘されており、すでに石造の教会がいくつも建てられていたことが明らかにされている。

八六三年頃、このモラヴィアの君主ロスチスラフがビザンツ皇帝に使節を送り、「スラヴ人の言葉で指導してくれるキリスト教の教師」の派遣を要請した。そしてこれに応えてキュリロス（もとの名はコンスタンティノス）、メトディオスの兄弟がモラヴィアに赴いた。キュリロスの方が弟だが、彼は任務に先立って、スラヴ語を表記する文字を考案したという。のちにグラゴール文字と呼ばれる文字がこれ

キュリロスとメトディオス（左にいる黒い外套を着た二人の人物）868年に聖クレメンスの遺骨をローマにもたらした場面を描いたもの。ローマのサン・クレメンテ教会のフレスコ画。

グラゴール文字 11世紀にプラハで作成された文書。この文字はクロアティアなど南スラヴ人地域にも広められたが、まもなくキリル文字にとって代わられた。

であり、やや簡略なキリル文字はもう少し後に生まれたらしい。二人は聖書の一部や宗教書などを翻訳してモラヴィアの人々の指導にあたり、こうして古代スラヴ語という文章語が成立した。さらに二人は教会の典礼もスラヴ語で挙行したが、フランク王国側の聖職者はラテン語以外の典礼は許されないとして彼らを激しく攻撃した。この背景には東方正教会とローマ・カトリック教会の対立があると思われがちだが、教会の東西分裂はもっと後の話だし、このスラヴ語典礼はローマ教皇の許可も得ていた。モラヴィアとしては、独自の方式を持った教会を組織することで、一人前のキリスト教国であることを示したかったのであろう。

キュリロスはローマで客死したが、メトディオスはシルミウム（現在のセルビアにあった都市）大司教の地位を得てなおも活動を続けた。この頃モラヴィアはスヴァトプルクという君主のもとで支配領域を広げていたので、それに伴ってスラヴ語の典礼も普及していれば、教会の歴史は大いに異なったものになっていただろう。それは実現することなく、八八五年にメトディオスが死去した後、モラヴィアではラテン語の典礼以外は認められなくなった。しかし古代スラヴ語の文化はブルガリアやキエフ公国など東方正教のスラヴ人諸国に伝えられ、そこで大きく開花していく。

八九〇年代になると新たにマジャール人が東方から進出してきた。ロシアやシベリアなどに分布するウゴル語派の言語を話し、半遊牧・半農耕で暮らす人たちである。ルーツははるかウラル山脈の南にあるといわれるが確証はなく、黒海北岸のステップ地帯で徐々に形成された民族らしい。そして現在のハンガリー盆地を新たな拠点としてモラヴィア国を滅ぼし、西欧や南欧にも進出した。ただしモラヴィアは必ずしも武力で圧倒されたのではなく、ヨーロッパ北部とドナウ川以南とを結ぶ通商路を封じられて、経済的に立ちいかなくなったのだという説もある。その後マジャール人はドナウ川中流域に定着し、ハンガリーという新たな国を築くことになる。

最初の王朝プシェミスル家

モラヴィア国の崩壊にやや先立って、今度はチェコに統一政権が生まれた。再びコスマスの説明を聞くならば、ボヘムスとともにやって来て以来、チェコの人々は君主も置かず、皆が平等に暮らしていた。やがてリブシェという優れた巫女が登場し、争いがあれば人々は彼女の告げる託宣を仰いでこれに従っていた。ところがある時、争いに負けた男が、女性の指図に従うことを嫌って自分たちも男性の君主をたてるべきだと主張し、人々も彼に同意した。リブシェはそうすればお前たちの自由は失われるであろうと警告したが、人々がなおも考えを変えなかったため、スタジツェという村に使節を派遣し、そこにいたプシェミスルという聡明な一人の農夫を連れてこさせた。プシェミスルはリブシェと結婚してチェコの初代大公となり、チェコ人が従うべき法をすべて二人だけで制定したという。

チェコ最初の王朝プシェミスル家の始まりを説くこの物語は、一種の建国神話であってまったく史実ではないが、王朝の正統性を説くものとして長く語り伝えられ、チェコの人々を精神面で結びつける役割を果たした。その影響がいかに大きかったかは、一九世紀になって数々の国民オペラを残したスメタナが、祝典用のオペラとして『リブシェ』を作曲し、その中の「リブシェのファンファーレ」が、大統領登場の合図として長く用いられたことにも表れている。

伝説はともかく、現実のチェコは西隣にあるフランク王国の強い影響下にあった。すでにカール大帝が八〇五年に遠征軍を送り、チェコ人に貢納支払いの義務を課している。八四五年にはチェコの一四人の侯が現在のドイツ南東部のレーゲンスブルクで洗礼を受けた。侯といっても各地の部族長のような人たちであり、この頃のチェコはいくつかの部族に分かれていたのであろう。しかしその後統合が進み、八九〇年頃には、ヴルタヴァ川を見下ろすプラハ城を本拠とするボジヴォイが、ほぼチェコ全体の君主としての地位を築いていた。コスマスによればボジヴォイはプシェミスルの八代目の子孫だが、実際には彼が、実在を確認できるチェコ最初の君主である。なお、コスマスはごく簡単に触れるだけだが、ボジヴォイはモラヴィアのメトディオスの手で洗礼を受けたという。キリスト教国家モラヴィアは消滅したとはいえ、その権力はプシェミスル家に引き継がれたという考え方が中世には存在していた可能性がある。

聖ヴァーツラフ伝説

　九世紀のフランク王国は何度も分割されて複雑な歴史をたどったが、一〇世紀に入る頃には東西二つの王国が並び立つようになっていた。このうち東フランク王国がほぼのちのドイツ王国であり、神聖ローマ帝国の中心となる。九二九年、この東フランクの王ハインリヒ一世がプラハへ軍事遠征を試みた。この時のチェコはボジヴォイの孫ヴァーツラフが治めていたが、彼はハインリヒに臣従を誓い、貢納支払いの義務と引き換えにチェコの統治権を認められた。この時ドイツで篤く敬われていた聖人ヴィートの遺骨の一部が譲られ、これを祀るための教会がプラハ城に建てられた。今日の聖ヴィート大聖堂はこの教会がのちに二度にわたって建て替えられた後のものである。

聖ヴァーツラフ 1085年頃に作成された「ヴィシェフラトの福音書」の挿絵。すでに殉教者として、またチェコ国家の守護者として崇敬の対象になっていたことを示す。

　チェコ大公ヴァーツラフは、九三五年（一説に九二九年）九月二八日に弟ボレスラフによって暗殺された。東フランクとの関係も絡んだ政治的な問題が原因らしい。しかしヴァーツラフは当時からすでに敬虔な君主としての評判も高く、キリスト教化にあまりに熱心であったために殺害された殉教者とみなされ、事実上の聖人に祀り上げられた。コスマスもこの聖ヴァーツラフ崇敬を広めた人物の一人である。チェコはまだ新興国家でありキリスト教国としての伝統も浅いが、その君主一族から聖人が現れたとなれば、国家の威信は大いに高められる。聖ヴァーツラフは最初プシェミスル家による支配の正統性の根拠として、一三世紀頃からは「国家守護聖人」として絶大な人気を博した。彼は実はチェコ中部の山中に眠っており、国が危難に見舞われた時には白馬にまたがって救援に駆けつけてくれると多くの人たちが信じていた。現在でもプラハその他各地の都市にはヴァーツラフ広場があり、またその遺骨はプラハの聖ヴィート大聖堂にある礼拝堂の奥に安置されている。

　こうした展開が示すように、チェコは東フランク王国を通じてローマ・カトリック教会の組織を受け入れ、九七三年にはドイツのマインツ大司教座に所属する形でプラハに司教座が成立した。またプラハ城内の聖イジー女子修道院や郊外のブジェヴノフ修道院をはじめ、全国各地に修道院が建てられてキリスト

聖アダルベルト（957頃～997）
グニェズノの大聖堂（ポーランド）の扉にある、アダルベルトの生涯を描いたレリーフの一部。チェコ大公ボレスラフ2世（右側）に対して、キリスト教徒を対象とする奴隷交易の禁止を要求している場面。

教文化のセンターとしての役割を果たした。一〇六三年にはプラハから分離する形でモラヴィアのオロモウツにも司教座が置かれた。しかしポーランドやハンガリーのように、より格の高い大司教座を設置する望みはかなわず、これは一四世紀まで待たなければならない。

殉教者アダルベルト

一〇世紀末、キリスト教国としてのチェコの名声を高めるもう一人の人物、聖アダルベルトが登場する。当時チェコで、プシェミスル家に匹敵する勢力を誇ったスラヴニーク家の出身で、もとの名をヴォイチェフといったが、ドイツのマクデブルク大司教の手で堅信礼を授けられて以来、その名をとってアダルベルトと名のった。そしてマクデブルクで学んだ後、九八三年に第二代プラハ司教に就任した。

教会の規定にもとづいた彼の指導は徹底していたらしい。精進日を守るなど日常生活面から始まって、当時の有力者には珍しくなかった一夫多妻や聖職者の妻帯を厳しく取り締まったほか、特にキリスト教徒を奴隷として売買することを強く批判した。この当時はまだ、戦争で他国へ攻めこんだ時など、金品だけでなく人間まで略奪してきて外国の商人などに売却するのは珍しいことではなく、それは手っ取り早い財源でもあったのである。チェコ大公とてこれをやめるわけにはいかない。アダルベルトは大公その他と対立したあげく、プラハ司教区を見捨てて皇帝オットー三世のいるローマへ赴き、そこでキリスト教的ローマ帝国の発展と拡大という遠大な構想に加わった。その間にスラヴニーク家はプシェミスル家によって滅ぼされてしまい、いよいよプラハに戻る可能性はなくなった。アダルベルトは結局ポーランド経由でバルト海沿岸の異教徒プロイセン人の住む地域へ向かい、そこで九九七年四月に、現地の人々に襲撃されて生涯を終えた。

その後、この殉教者アダルベルトの遺骨はポーランド大公ボレスワフ一世によって買い取られ、グニェズノの教会に安置されていたが、一〇三九年にチェコ大公ブジェチスラフ一世がポーランドへ遠征した際、これを奪って持ち帰った。コスマスによれば、これがプラハの教会に安置された時には大変なお祭り騒ぎであったという。聖遺物が当時の人たちにとっていかに大切であったか、そしてキリスト教国家としての名声を高めるのにどれだけ効果があったか想像できる。ブジェチスラフ一世はほかにも、モラヴィアに対するチェコ大公の支配権を確定し、またポーランドと競ってシレジア地方にも勢力を延ばして、ほぼ中世チェコ国家の領域を築き上げた。他方で皇帝ハインリヒ三世との間には新たに主従関係が結ばれ、これ以来一九世紀初頭に神聖

［上］**1000年頃のヨーロッパ東部**　ドイツからイタリア中部までを覆う形でローマ帝国（のちの神聖ローマ帝国）が復活し、チェコとモラヴィアもこれに組み込まれている。その東に新興国家ポーランドとハンガリーが誕生しつつあった。
［下］**プラハ城**　ヴルタヴァ川を見下ろす丘は、異教時代から祭祀の場として使われていた。聖ヴィート大聖堂を中心に礼拝堂、修道院、旧王宮、宮殿などが立ち並び、城自体が一つの市街地を形成している。

ローマ帝国が消滅するまで、チェコやモラヴィアは神聖ローマ帝国の一部として歴史をたどることになる。

中世のチェコの姿

成立して間もない頃のプシェミスル朝の国家はどのような姿をしていたのであろうか。

中世初期のチェコやモラヴィアは、ほぼ全土が深い森林あるいは川沿いの湿地帯で占められ、人々はその合間のわずかな空き地に集落を造って住んでいた。プシェミスル家はプラハ城や、ここから三キロほどヴルタヴァ川をさかのぼったヴィシェフラト城に本拠を置き、さらに各地に築かれた城に城代を派遣して全

ズノイモのロトゥンダ オーストリアとの境界に近いズノイモには11世紀に要塞が築かれた。その敷地に建てられたロマネスク様式のロトゥンダは、チェコ共和国に残る最古の建築の一つ。

ヴィシェフラト ザデラーのプラハ鳥瞰図（1606年）の一部。名前は「高い城」を意味し、14世紀まではプラハ城と並んでチェコ統治の拠点であった。フス派戦争で城は完全に破壊されたが、近世に要塞として再び整備された。

国を統治していたらしい。モラヴィアにはオロモウツ、ブルノ、ズノイモなどいくつかの拠点があり、大公は自分の息子や兄弟を分国侯としてそこに派遣して、間接統治を行っていた。一〇世紀末にほぼチェコ全体を統一したプシェミスル家の大公は、一種の専制君主として権力をふるったという説がかつては有力であった。しかし史料の綿密な検討や当時の墓地などの発掘調査が進んだ今日、国家成立以前から存在していた各地の豪族は実際には生き残っており、プシェミスル家の支配を受け入れつつ地元で一定の勢力を維持していたと考えられている。

とはいえプシェミスル家の権力は圧倒的であった。プラハ城下に生まれた集落には遠方から商人が集まって活発な市場取引が行われ、大公の有力な財源になっていた。ここでは蜂蜜・毛皮・琥珀など北方ヨーロッパの特産品も入手できたし、奴隷もまた主力商品であったことは前に述べたとおりである。ただし教会側の指導が徹底するに従い、奴隷交易はや

プシェミスル家の君主の像
チェコを統治したプシェミスル家の君主たちの姿が、始祖プシェミスルとリブシェまでさかのぼって描かれている。ズノイモのロトゥンダ内部のフレスコ画（1134年頃）。

がて消滅していった。

一一世紀のプラハにはすでに外国人商人の居留区が存在したが、なかでもユダヤ人は注目される。ドイツなど西欧から、あるいは地中海沿岸地域から進出してきたものと思われるが、広い商業ネットワークを備えた豊かなユダヤ人商人は大公にとって魅力的な資金源であり、特別な保護下に置かれていた。一三世紀のチェコ王プシェミスル・オタカル二世（チェコの君主は、後述するように、ほぼ一三世紀から王を名のるようになる）はユダヤ人保護規定を制定し、多額の税と引き換えに、自由な宗教活動や金融業の営業を承認している。しかしキリスト教徒の社会でユダヤ人が常に安心して暮らせたわけではなく、宗教的偏見にもとづいた、あるいは単なる社会的不満のはけ口としてのユダヤ人襲撃は中世からすでに起こっていた。ただしこれはまだ散発的であり、ポーランドやハンガリーなどとともに、チェコはユダヤ人にとって比較的住みやすい国であった。

国土開発と貴族階層の進出

およそ一三世紀を境としてチェコやモラヴィアの社会は大きく変わり始める。一二世紀頃からヨーロッパ全体が成長の時代に入っており、勢力拡大に転じていたが、チェコやモラヴィアでも人々は森林や沼沢地に入り込んで開墾に乗り出し、各地に新たな農村や都市が誕生した。この事業は特に支配階層に豊かな収入を約束したので、プシェミスル家はもちろんのこと、地元の有力者たちも開拓を奨励した。大がかりな植民事業を進めるには国内の人手だけでは足りず、ドイツなど西側の先進地域からも多数の入植者が呼び寄せられ、彼らにはしばしば、一定期間の免税や村落の自治的運営などの特権が与えられた。このような活動は、北はバルト海沿岸から南はハンガリーまでヨーロッパ東部で広く展開しており、かつては東方植民と呼ばれたが、この時期に大規模な開拓が進められたのは西欧の周

［上］**チェスケー・ブジェヨヴィツェ** ドイツ語名はブドヴァイス。13 世紀半ばにプシェミスル・オタカル 2 世がチェコ南部のヴルタヴァ河畔に建設した都市。王の権威を示す大規模な広場を中心に、整然とした市街地が広がる。
［下］**オロモウツ** 司教座都市、またモラヴィア北部の中心として、常に重要な役割を果たしてきた。市庁舎前の広場に 1754 年に完成した聖三位一体記念柱は、規模の大きさと華麗な彫刻で知られる。

プラハ・グロシュ 二股の尾のライオンはチェコ王国を示す。このデザインは 16 世紀半ばに発行が停止されるまで基本的に維持された。

辺部やイベリア半島でも同様なので、この用語は以前ほど使われなくなっている。とはいえこの時代にドイツ系住民の居住地が東へ大きく広がったことは、その後の歴史に重大な影響を与えた。チェコやモラヴィアでも主に国境近くの周辺部でドイツ語が優勢になったほか、プラハなど主要な都市では富裕な商人たちの間でドイツ人の占める割合が高くなった。

　貴族階層の形成も、こうした国土開発の重要な結果の一つである。それまでにも有力豪族は存在していたとはいえ、その基盤はいまだ小さく、特権身分としての貴族階層をなしていたわけではなかった。しかし全国規模で進められた国土開発は、広い所領と城を構え、一般庶民よりも上の特権階層としての貴族を各地に登場させた。なかでも抜きんでた所領と勢力を備えた家門は上級貴族階層を形成し、その地位は一族で引き継がれて、君主と並んでチェコの社会を率いる重要な勢力になっていく。ロジュンベルク家、ヴヒンスキー家（一六世紀以降キンスキー家を名のる）、シュテルンベルク家、ペルンシュテイン家などはいずれも一三世紀にさかのぼる名門貴族である。これら貴族家門の所領は購入、交換、婚姻による獲得などで形成されたので各地に散在している。ドイツ語に由来する名称が多いのは当時こうした命名が流行したからであり、彼らのルーツがドイツにあったことを意味するわけではない。

　貴族たちは政治的な自覚を強めて国政の場にも進出した。すでに一二世紀から、有力者たちが君主によって召集され、裁判集会に参

ズヴィーコフ城 ヴルタヴァ川とオタヴァ川の合流地点の断崖上にプシェミスル家が建てた城（13 世紀）。中庭に面したアーケードは、チェコにおけるゴシック様式の早期の例として知られる。

聖アウグスティヌス『神の国』写本の挿絵（13 世紀初頭） 中世チェコでは華麗な細密画が好まれた。天上の都としてのエルサレムを表したこの図では、キリストを中心に聖人たちが描かれ、右下にはチェコ王国の人たちもいる。

加して政治的決定に加わることがあったが、一三世紀には君主の宮廷における正式な国政機関としての裁判所が機能し始めた。そして財務長官などの要職に任命された有力者を中心に、貴族は国の重要な決定にかかわるようになっていく。

貴族と並んで市民階層もこの時代に成立した。植民活動によって多数の都市が生まれたとはいえ、チェコやモラヴィアの都市は西欧や南欧に比べれば経済的にも弱く、規模も小さかった。しかしいかに小さくとも、君主や領主から特許状を獲得して自治権を備えれば、住民たちは市民という一つの身分としての自覚をもって市政の運営にあたることができた。

やや特殊な例として鉱山都市、特に銀の採掘で栄えた都市がある。一三世紀半ばにはモラヴィア西部高原地帯のイフラヴァが、一三世紀末にはプラハ東方のクトナー・ホラがこうして主要都市の仲間入りをした。特に後者は、ドイツなど国外からも多くの坑夫や技術者を集めてまたたく間に発展し、時の国王ヴァーツラフ二世はここに造幣局を置いた。通貨の管理のためイタリアから専門家がよばれてここで指導にあたり、その建物は現在でも「イタリア宮殿」の名で呼ばれている。ここで大量に発行された小額貨幣プラハ・グロシュはその後長期にわたってチェコ内外に流通し、チェコ王の積極的な対外政策を資金面で大きく支えた。

プシェミスル家の断絶

国力の充実に伴い、プシェミスル家も国際的に一目置かれるようになった。前に述べたようにチェコの君主は神聖ローマ皇帝の家臣であり大公を名のっていたが、一〇八五年にはヴラチスラフ二世が教皇と対立する皇帝を支援した功績で、また一一五八年にはヴラジスラフ二世が皇帝のイタリア遠征を支えた功績で王の称号を獲得している。これらはまだ一代限りの特別措置であったが、一二一二年にはシュタウフェン家の皇帝フリードリヒ二世が、ヴェルフェン家との抗争における支援の見返りとしてプシェミスル・オタカル一世に「シチリアの金印勅書」と呼ばれる文書を与え、チェコの君主が永続的に王を名のることを認めた。皇帝とチェコ王の封建的主従関係は保たれるが、チェコ国内で行われる国王選出に皇帝は介入できないことがこの文書には明記されていた。プシェミスル・オタカル一世は、ローマ教皇庁の指導にもとづいて「教会の自由」の理念を掲げるプラハ司教オ

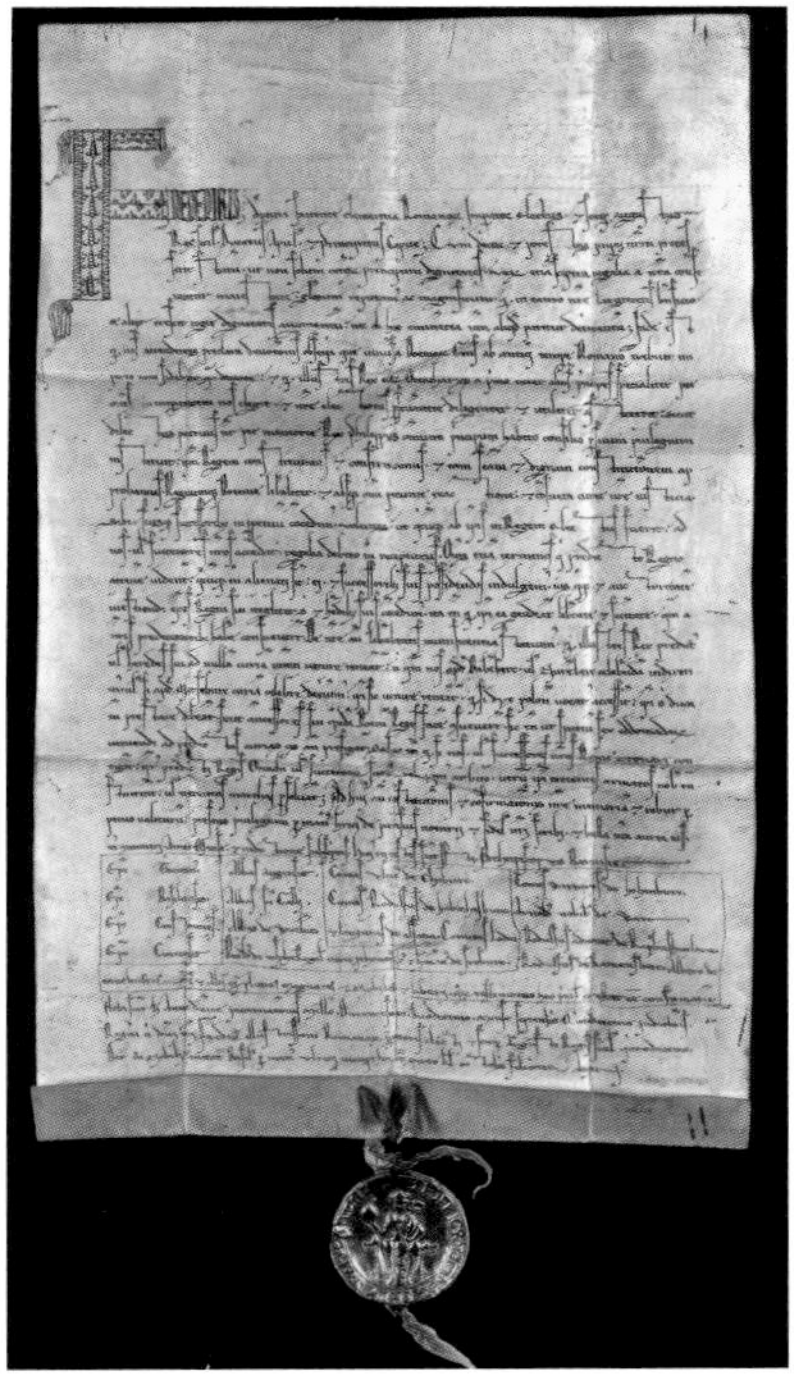

皇帝フリードリヒ２世の「シチリアの金印勅書」 現スイスのバーゼルで発行されたが、シチリア王としての印章を付しているためこの名がある。チェコ王が慣習として築き上げてきた権利を法的に確定させた。

ヴァーツラフ２世 王権の強化に努めるとともに、吟遊詩人たちを保護するなど西欧風宮廷文化を積極的に導入したことでも知られる。『マネッセ写本』の挿絵。

ンジェイと争った末、プラハの教会に一定の自立性を認めて和解にこぎつけるなど巧みな政治的手腕も発揮している。

そしてその孫プシェミスル・オタカル二世によってプシェミスル家の勢力は頂点を迎えた。オーストリアを支配していたバーベンベルク家が一二四六年に断絶したこと、そしてドイツ王国が一二五六年に空位時代を迎えたことが、チェコ王に勢力拡大の機会を提供した。現地の貴族の支援を得て、彼は一二六〇年代までに、オーストリア、ケルンテン、シュタイアーマルク、クラインに至る広大な支配領域を築いたのである。またこの頃には、ドイツ王は有力諸侯によって選出されるという方式が定着しつつあったが、チェコ王は最終的に確定する七人の選挙侯の一人に加えられ、神聖ローマ帝国東部の有力者としての地位はゆるぎないものになった。

13 世紀半ばのヨーロッパ東部
ハンガリーはクロアティア方面も合わせた大国。ポーランドの北東ではリトアニアが国家形成を始めている。チェコ王は神聖ローマ帝国東部の有力諸侯に成長していた。

しかし彼のあまりに急激な勢力拡大は周辺勢力を警戒させた。一二七三年にチェコ王を除外して行われた選挙でドイツ王に選ばれたスイスの一領主ハプスブルク家のルドルフ一世は、不当に領土を拡大したとしてプシェミスル・オタカル二世に帝国追放を申し渡した。プシェミスル・オタカル二世は実力対決の道を選んだが支持者は少なく、一二七八年八月二六日にウィーン北方のデュルンクルートで戦場に倒れた。彼から没収されたオーストリアおよびその周辺の領土は、この後ハプスブルク家の本拠となって新たな歴史を歩んでいくことになる。

プシェミスル・オタカル二世の劇的な没落の後、親戚筋のブランデンブルク辺境伯オットーの介入を受けるなどしてチェコは混乱に見舞われたが、プラハ司教トビアーシュを中心にまとまった貴族たちが幼少の後継者ヴァーツラフ二世を支えて平和の回復に一役買った。成年に達したヴァーツラフ二世は父の失敗に学んで慎重に王権再興に努め、さらにポーランドやハンガリーへの勢力浸透を試みたが、一三〇五年に若くして世を去った。そして翌一三〇六年八月四日、後継者ヴァーツラフ三世がオロモウツで暗殺され、プシェミスル家の男系はあっけなく途絶えた。この事件の原因や首謀者はおそらく永遠の謎である。

第2章

繁栄と動乱のチェコ——ルクセンブルク朝からヤゲウォ朝へ

新王ヨハン

四〇〇年以上君臨した王家の断絶という事態に直面して、チェコの人々は急遽新しい王を探し出す必要に迫られた。もちろん国の代表者としてふさわしい身分の者でなければならない。約四年間の混乱の後、聖職者や貴族、市民代表などが選び出したのは、時のドイツ王ハインリヒ七世の息子、ヨハンという人物であった。

ハインリヒ七世はもともと神聖ローマ帝国西部にあるルクセンブルクの伯であり、一三〇八年にドイツ王に選出されていた。彼がたった一人の大切な息子をチェコに送り出すことに同意したのは、豊かで強力なチェコの王という地位が一族の大きな資産になると考えたからであろう。こうして一三一〇年、一四歳のヨハンは亡きチェコ王ヴァーツラフ三世の妹で一八歳になるエリシュカと結婚し、チェコ王に選出された。即位の後ただちに、チェコやモラヴィアの貴族の伝統的権利を確認する文書を作成している。プシェミスル家の血統もこれで維持され、王位継承は無事完了と人々は考えたに違いない。

しかしルクセンブルク出身のヨハンとしてはチェコ王の役割だけに専念してはいられない。チェコの言葉は結局習得せず、故郷の言葉フランス語を用いていた。一三一三年に父が亡くなった後はルクセンブルク伯の位を継承し、さらにドイツ王位も望んだがこれは果たせなかった。彼はチェコやモラヴィアの統治を地元の貴族たちにほとんど任せ、ドイツ、フランス、イタリアなどで政治活動に奔走する生涯を送った。その努力は最後には報われ、一三四六年七月一一日、ヨハンの長男カレルはライン河畔の街レンスでドイツ王に選出された。その翌月、ヨハンはフランス北部のクレシーで、フランス王を援けてイングランド軍との決戦に臨み、騎士にふさわしい最期をとげた。

チェコ王ヨハン（1296〜1346）幼少期にはフランス王の宮廷で教育を受けた。チェコにはあまりなじめなかったといわれるが、外交活動を通じてチェコ王の存在感を高め、次のカレル4世時代への道を開いた。

ルクセンブルク朝最初のチェコ王ヨハンの生涯は、当時王朝の交代とは何を意味したかをよく物語っている。すでにチェコやモラヴィアでは、司教や修道院長ら聖職者、それに財務卿や領邦裁判所長官といった要職にある貴族をはじめとする特権身分が確立していたし、彼らの代表が集まる身分制議会も徐々に形を整えつつあったので、誰が王になろうと国の体制は大きくは変わらない。しかし王はその地位を利用して一族の勢力拡大をめざそうとするので、国民は当然その政策に左右される。ヨハンの時代には、この両者は結局あまりかみ合わなかった。しかし次のカレルの時代には、チェコはルクセンブルク家の本拠として大いに変貌していくことになる。

聖ヴァーツラフの王冠諸邦 ラウジッツはさらに南北に区分されるので、5つの領邦の集合体となる。チェコ王の支配権のもとに組み込まれつつ、各領邦固有の制度は維持されていた。

神聖ローマ皇帝カレル四世

カレルは一三一六年にプラハに生まれ、最初はヴァーツラフと名づけられた。七歳の時に父の指図でパリの宮廷に送られ、時のフランス王シャルル四世の名をとってカレル（シャルルのチェコ語）を名のるようになり、さらにシャルルの従妹ブランシュを妻として、一三三三年にプラハに戻った。その直前には父を補佐してイタリアでの政治や戦闘を経験している。忘れていたチェコ語も帰国後に学びなおし、傾きかけていた王室財政も立てなおして王権の基盤を固めた。ドイツ王とチェコ王双方の血筋を引く高貴な生まれであることは十分に意識していたであろう。首尾よくドイツ王に選ばれたのは、パリ時代に親交を結んだ修道士ピエール・ロジェがアヴィニョンの教皇クレメンス六世として即位していたなど、幅広い人脈によるところが大きい。そして戦死した父を継いでチェコ王となり、九年後の一三五五年にはローマまで遠征して神聖ローマ皇帝として戴冠式をあげた。チェコ王としてはカレル一世だが、皇帝としての順序からカレル（ドイツ語でカール）四世と呼ぶのが普通である。

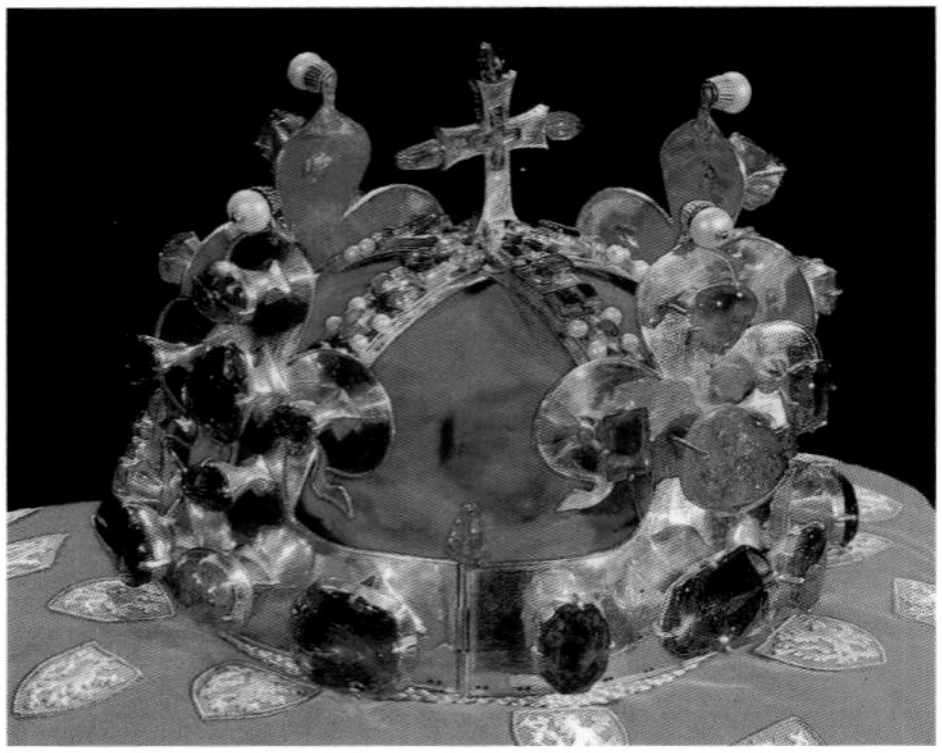

聖ヴァーツラフの王冠 1346年に作られた。チェコを中心とした5つの領邦は、この神聖な王冠のもとに統合されることで、安定性と永続性を保証されると考えられた。

カレルの終生の課題は、ドイツ王国および神聖ローマ帝国の体制を安定させること、そしてチェコを帝国統治の拠点にふさわしい国へと再編成すること、その上で、プラハに居を置くルクセンブルク家が将来にわたって皇帝として君臨するべく体制を整えることであった。

まずカレルは、チェコ王国、モラヴィア辺境伯領、シレジア、ラウジッツに対するチェコ王の統治権を正式に確定した。このうちシレジアは多数の諸侯領や、司教座が置かれるヴロツワフなどいくつかの都市からなり、チェコとポーランドが長年その帰属をめぐって争ってきたが、一三三五年に協定が成立してチェコ王のものになっていた。ドイツとシレジアの間に位置するラウジッツもまたいくつかの都市からなる地方で、上下の二つに分かれる。シレジアとラウジッツはいずれも、ドイツ系住民の割合が高い地域でもあった。

こうしてチェコ王の支配が及ぶ範囲を確定させたうえで、カレルは守護聖人ヴァーツラフをチェコの永遠にして神聖な君主として位置づけ、新たに製作したチェコ王冠を「聖ヴァーツラフの王冠」と呼んでこれら五領邦の統合の象徴とした。歴代のチェコ王はこの王

カレル橋東端の塔（プラハ） 14 世紀末、ペーター・パーラーの工房によって建てられた。プラハ旧市街の門の役目も果たしており、戴冠式など重要な儀式の際、盛大な行列がこの門をくぐって王宮へ向かった。

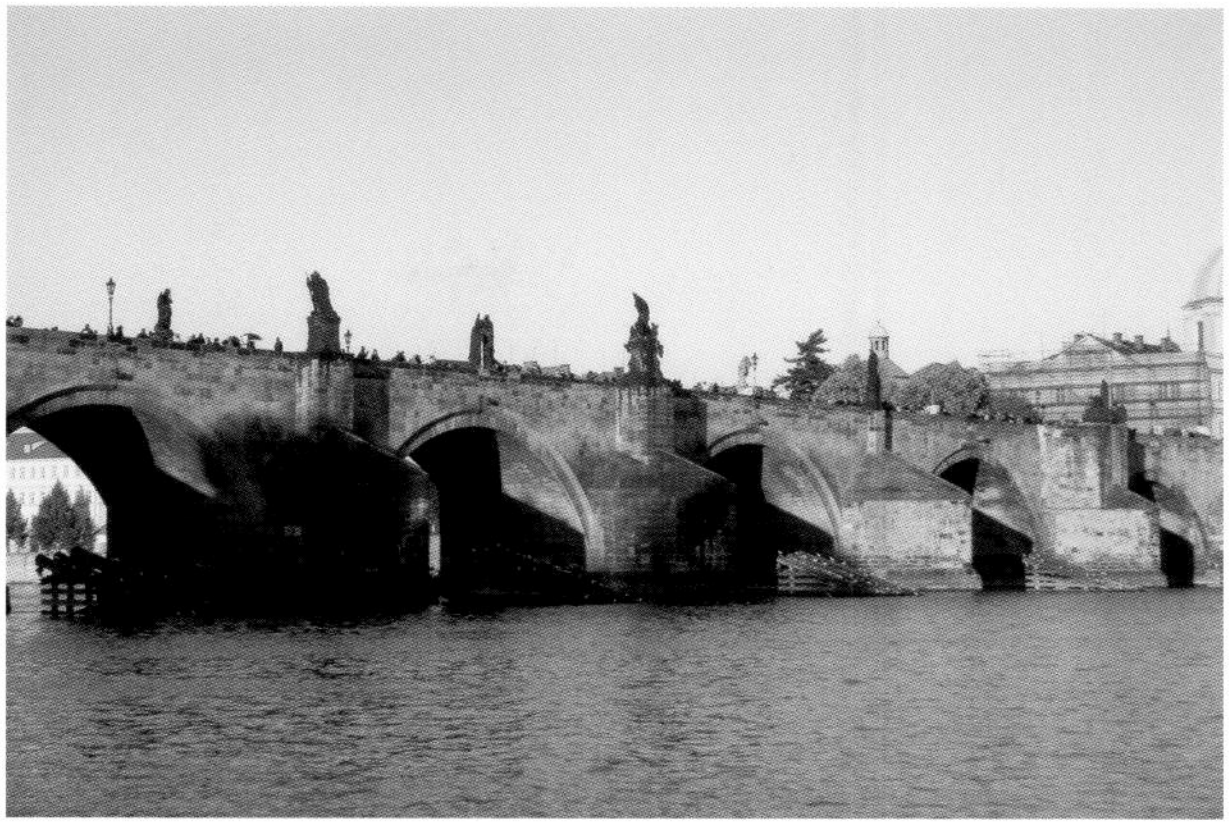

カレル橋 1357 年着工、15 世紀初頭に完成した。中世の橋は、祝祭、裁判、商談などが行われる広場としても機能していた。17 世紀末以降、キリストや聖人など合計 30 の像が次々と備えつけられた。

プラハの聖ヴィート大聖堂 内陣の部分は 1385 年に完成した。ゴシック様式のヴォールト（アーチ形天井）は当時最先端の技術を用いており、他の教会建築などのモデルとなった。建物全体の完成は 1929 年。

冠を戴くことで聖人から統治権を委ねられる。こうして創設された「聖ヴァーツラフの王冠諸邦」は一種の領邦連合体であり、のちにかなり縮小されたが制度的には二〇世紀初頭まで維持された。

「金印勅書」

教皇クレメンス六世はカレルの要請に応じ、一三四四年にプラハ司教座を大司教座に昇格させ、オロモウツ司教座および新設のリトミシュル司教座がこれに所属することになった。大司教座聖堂となる聖ヴィート教会は、北フランス出身のアラスのマシューの手で、その死後は南ドイツ出身のペーター・パーラーの手で壮麗なゴシック様式の大聖堂に建て替えられた。内部にはめ込まれたような造りの聖ヴァーツラフ礼拝堂にはこの聖人の遺骨および王冠が納められており、いわば地上のチェコ王国と天上の世界を結びつける空間といえる。

プラハ市街の拡大・整備も急務であった。フランスの都として発展を遂げつつあるパリの姿がそこには重なっていたであろう。一三四八年には旧市街の外側に新市街が創設されてプラハは四つの市街地からなる大都市となり、人口は三万人から四万人を数えた。ヴルタヴァ川には、洪水で流された石橋に代わって新たな石橋がペーター・パーラーによって着工され、その他、市内各地に教会や修道院、市街地を守る塔などが建設されて、プラハは王都にふさわしい姿を備えていった。

そして同じ一三四八年には、パリ大学に倣

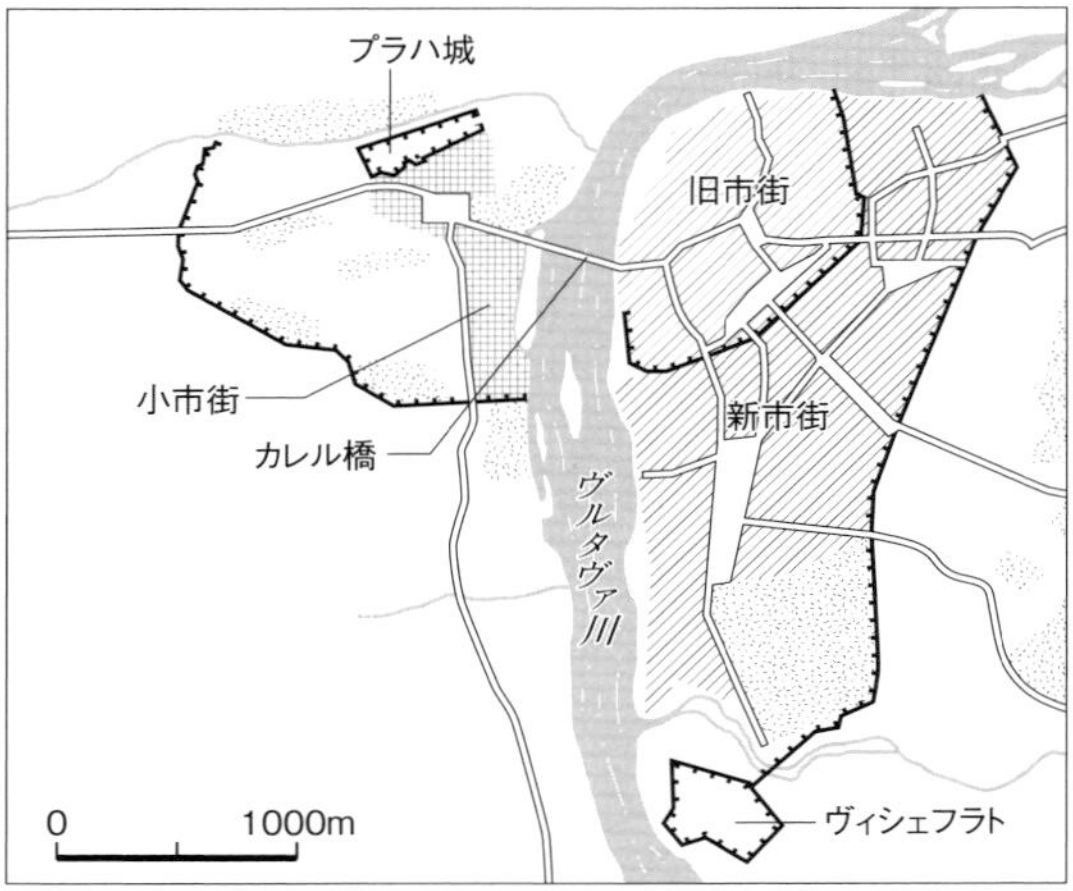

カレル4世によるプラハ市街地の拡張 旧市街は裕福な商人が、新市街は手工業者が比較的多かったといわれる。新市街の南部には、近世に入るまで緑地や果樹園が広がっていた。

って神学、法学、医学、自由学芸の四学部からなる大学が、アルプス以北のヨーロッパでは初めてプラハに創設され、チェコだけでなくドイツその他ヨーロッパ各地から多くの学者や学生を集めて発展していった。

そしてカレルは神聖ローマ帝国の国制を明確にすべく、一三五六年に帝国議会において全三一条からなる「金印勅書」を発布した。内容は主に七選挙侯の地位と権利、そしてドイツ王選挙の方式に関するものである。これによって国王選挙に伴う分裂や混乱は回避され、多数の諸侯領や都市からなる神聖ローマ帝国の制度が近世まで安定的に維持されるための前提が整えられた。もちろんそこには、チェコ王が同時にドイツ王および皇帝として末永く君臨していくというねらいがあった。

一三六三年、カレルはわずか二歳の長子ヴァーツラフを後継のチェコ王として戴冠させた。さらに一三七六年には選挙侯たちを説得してドイツ王にも選出させたが、これは自ら制定した「金印勅書」の規定に反していた。またモラヴィアではカレルの弟ヤン・インジフが辺境伯として主にブルノを拠点として統治していたが、ヤン・インジフが死去した後、モラヴィアの統治権は、彼の息子たちに引き継がれた。さらにカレルは娘婿にあたるハプスブルク家のオーストリア大公ルドルフ四世との間に相続協定を結び、互いにそれぞれの家が断絶した場合には相手の領土を継承することを取り決めた。これは一二一二年の皇帝フリードリヒ二世による「シチリアの金印勅書」が王を選ぶ権利をチェコ王国民に認めていたことと矛盾しているが、当時はまだ、王位継承に関する原則は定まっていなかったのである。カレルはチェコ、帝国、ルクセンブルク家の安定と繁栄のために捧げた生涯を、一三七八年一一月二九日にプラハで閉じた。

教皇庁への疑念

一四世紀の終わり頃からチェコは社会的・

カルルシュテイン城 フーゴー・ウリク画（1872年）。カレル4世によって帝国の財宝の保管所としてプラハ西方に建てられた。19世紀末に大幅な改修が行われたが、この絵はその前の姿をよく伝えている。

カレル4世のパリ訪問 カレル（中）とヴァーツラフ4世（左）はフランス王シャルル5世（右）に導かれて1378年1月4日にパリに入城し、国際情勢などについて話し合った。『フランス大年代記』の挿絵。

政治的に不安定な時代を迎える。原因は、カレルやヤン・インジフの息子たちの間に生じた内紛のほか、国王ヴァーツラフ四世が上級貴族や高位聖職者たちとの間に良好な関係を築けなかったことにもあったが、根本的な問題は当時の教会のあり方それ自体に生じていた。カレル四世の統治は司教座教会や修道院など教会・聖職者に大きく支えられていたが、この結果チェコやモラヴィアでは教会への富の偏在という深刻な事態が生じていた。すでにカレルの時代に、教会の奢侈を厳しく批判するクロムニェジーシのミリーチ（一三七四年没）のような説教師が現れ、大司教など教会当局を悩ませていたのである。

東方三博士礼拝の図
ルクセンブルク朝時代に入り、チェコのゴシック美術は最盛期を迎えた。ヴルタヴァ川上流のヴィシー・ブロトにあるシトー派修道院の祭壇画（14世紀半ば）。

しかしこの問題にはさらに大きな背景があった。一三〇九年以来教皇庁はアヴィニョンに置かれたが、財源確保を優先させてヨーロッパ各地から富をかき集めようとするその姿勢には多くの人たちが疑念を抱いた。カレル四世は教会を正常な状態に戻すべく教皇庁のローマ帰還にとりくんだが、結果としては成功せず、一三七八年からはローマとアヴィニョンへの教皇庁分裂というさらに深刻な状況が生じていた。これはヨーロッパ中の混乱の原因となり、ローマ・カトリック教会のあり方そのものを見なおすべきだとする意見も聞かれるようになった。

その急先鋒は、教皇の権威にさえ疑念を投げかけたイングランドの神学者ウィクリフ（一三八四年没）であったが、一四〇〇年前後からプラハ大学にその熱心な支持者たちが現れた。プラハ大学のマギステル（中世ヨーロッパの学位の一つ。通常、マギステルの称号を持つ人たちが大学の中心メンバーを構成した）や学生たちは出身地別にザクセン、バイエルン、ポーランド、チェコの四「国民団」から組織されていたが、そのうち「チェコ国民団」に強力な「ウィクリフ派」が登場したのである。プラハ大司教らはウィクリフの説を誤謬と断じ、その著書を焼却処分にしたが、かえって批判を招くだけであった。そしてウィクリフ派のマギステルの一人ヤン・フスは大学での活動の傍ら、説教活動を通じて教会や社会が抱えた問題を広く人々に訴えた。

ヤン・フスの教会批判

フスは一三七〇年頃おそらく南チェコに生まれ、プラハ大学で学びつつ聖職者になり、プラハ旧市街にあるベトレーム礼拝堂の主任説教師としてチェコ語で市民に語りかけた。説教を日常語で行うのは当然であり何の問題もないが、不道徳な聖職者としてやり玉にあげられた人々からは恨みを買った。しかしそれ以上に問題とされたのは、教会の権威に挑戦するような彼の態度と、自説を決して翻そうとしない非妥協的な姿勢であった。フスは特に聖職売買を重大な罪として攻撃し、一四一二年にローマ教皇が売り出した贖宥状にも仮借のない批判を浴びせた。教会により破門されてもひるむことなく活動できたのは、ヴァーツラフ四世が一四〇九年の「クトナー・ホラの勅令」で大学の機構をチェコ国民団に有利な形で改変するなど、ウィクリフ派に対して好意的ともとれる態度を示したからでもある。

しかしフスは結局プラハ退去を余儀なくされ、しばらく貴族の保護下で活動したのち、一四一四年秋に、公会議が開催されていたドイツのコンスタンツへ向かった。ヴァーツラフ四世の異母弟で、ハンガリー王となり一四一〇年にドイツ王位にも就いていたジギスムントが、キリスト教世界の重大問題を解決するために開催した一大国際会議である。

自由な討論を期待してコンスタンツに到着したフスを待っていたのは異端の嫌疑による裁判であった。『教会論』などフスの著作には、教会とは救いを予定された人々の共同体であり、その首長はキリスト以外に存在しないと説かれていたが、これは教皇を頂点とするローマ・カトリック教会が容認できるものではなかった。また、最高の規範は神の法すなわち聖書であり、人間の作った法はこれに矛盾するならば無効であるとの主張は、聖俗の権威に対する挑戦とみなされたのである。

トロスキ城 14世紀には領域支配の拠点として堅固な城が各地に建てられた。ヴァルテンベルク家がチェコ北東部に建てたこの城は、急峻な岩山の上にそびえ、はるか遠くからでもその姿を望むことができる。

異端の審問としては異例の公聴会も三回開かれ、自説の撤回を求められたが、これを拒否したため、フスは一四一五年七月六日に異端者として火刑に処せられた。翌年には、フスの同僚で熱烈にウィクリフを擁護したプラハのイェロニームもやはりコンスタンツで火刑に処せられた。

フス派戦争

フスの処刑に対し、チェコとモラヴィアの貴族たちは抗議の書状を公会議に送り届けた。さらにプラハではフスの同僚ストシーブロのヤコウベクによって、聖体拝領を従来のようにパンのみでなく、聖書に従ってパンとワイン両方で行ういわゆる両形色聖餐が広められた。ローマ・カトリック教会にあえて背くこの方式は、「フス派」の信仰実践の正しさを示す象徴的な意義を持っていたのである。また農村部では、急進的な説教師たちが野外の集会に信徒たちを集め、いよいよこの世の終末が近づいたので悔い改めよと説いた。

そして一四一九年七月三〇日に、フス派の修道士ジェリフスキーが支持者たちとともにプラハの新市街市庁舎を襲い、市参事会員ら一三名を殺害するという事件が起こる。通常は、これがフス派戦争の始まりとみなされている。続いて八月一六日にヴァーツラフ四世が急死したため、ジギスムントが王位継承を要求したが、フス派撲滅を宣言する彼が受け入れられる余地はなかった。一四二〇年、ジギスムントは異端と断定されたフス派を討伐するべく十字軍を率いてプラハに乗り込んだが、七月一四日に市街東方のヴィートコフの丘で思わぬ大敗を喫して退却した。

この後チェコでは、主にフス派貴族に市民代表が加わって統治にあたり、信仰に関しては聖職者やマギステルたちが指導するという体制が作られた。しかしフス派の間でも見解の食い違いは大きかった。両形色聖餐などが承認されればローマ・カトリックとの和解も可能とする穏健派は、ラテン語で「(パンとワインの)両方で」を意味する単語「ウトラクエ」をもとに、ウトラキストと呼ばれるようになる。プラハ旧市街に集まった貴族、比較的裕福な市民、そして大学のマギステルなどがその主要メンバーであった。他方、教会に

ヤン・フス(1370頃〜1415) ベトレーム礼拝堂での説教の様子と思われる。日常生活や社会情勢などの話題を豊富に取り入れたフスの説教は大変な評判となったが、批判された聖職者や修道士からは逆にねたまれたという。

よる世俗財産の所有を否定するなど徹底した改革を主張し、ローマとの関係断絶さえあえて辞さない急進派も一般民の間に広まっていた。チェコ東部のフラデツ・クラーロヴェーや、一四二〇年頃にチェコ南部に建設された要塞都市ターボルなどが急進派の拠点であり、これらの街では聖職者の厳格な指導による質素で禁欲的な生活が営まれていたといわれる。もちろんチェコやモラヴィアにもカトリックにとどまった人々はいたし、ラウジッツやシレジアではフス派はほとんど浸透しなかった。

　異端の国となったチェコを討伐すべく、ローマ・カトリック教会側は一四二〇年から三一年にかけて計五回の十字軍を送りこんだが、「神の戦士」を自称するフス派の果敢な戦いの前にいずれも敗退した。特に下級貴族出身で急進派の軍司令官となったヤン・ジシュカは、農民や市民を訓練して規律正しい軍を組織し、銃砲や車砦《しゃさい》を用いた斬新な戦法を駆使して十字軍の騎士たちを大混乱に陥れた。彼が一四二四年に死去した後も、その軍は自ら「孤児」を名のって結束を維持した。一四二〇年代末になると、勢いに乗るフス派はドイツやポーランド、そして今日のスロヴァキア方面まで遠征を企てて戦果を誇った。しかし戦争が長期化するにつれ、人々の生活は当然ながら苦しくなっていった。また、急進フス派に共鳴しつつも一切の暴力を否定し、政治との関係を絶って自足的な共同体に生きる道を求めたペトル・ヘルチツキーのような人物も現れ、のちの世代に大きな影響を残すことになる。

　一四三〇年代に入って、ローマ・カトリッ

プラハ郊外レトナーの丘に陣を構えるジギスムント（1420年6月）
フス派にはさんざん手を焼いたジギスムントだが、政治的分裂の著しい神聖ローマ帝国をまとめあげるための外交交渉では手腕を発揮した。

フス派戦争初期段階（1421〜22年）のチェコにおける都市の勢力図 穏健派や急進派の都市同盟は戦争の帰趨に重要な役割を果たしたが、フス派内部の対立も激しかった。

ジシュコフの丘 かつてのヴィートコフの丘は、名将ジシュカを記念してジシュコフの丘と改名された。後にチェコスロヴァキア共和国政府により戦没者追悼施設が建てられ、巨大なジシュカ像がプラハ市街地を見下ろしている。

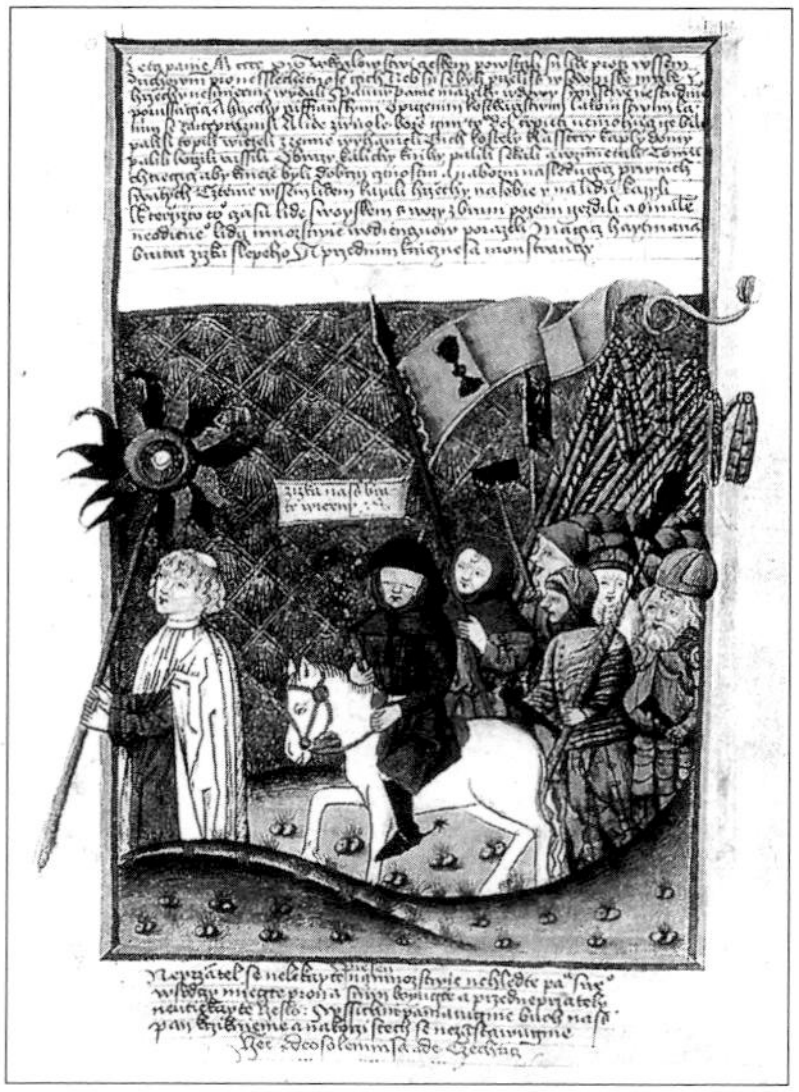

ヤン・ジシュカ（**馬上の人物、1360頃〜1424**）南チェコの零細貴族の家に生まれ、軍人として国王などに仕える中で頭角を現した。若い頃に片目を失い、最後は完全に視力を失ったが、なおも馬上でフス派の軍を率いた。

ク教会側はついにフス派の軍事的制圧は不可能と判断し、バーゼルで開催されていた公会議にフス派代表を招いて和解交渉に臨んだ。そしてチェコとモラヴィアでの両形色聖餐を容認するという妥協案を示して穏健派を取り込み、急進派を完全に孤立させることに成功した。決戦は一四三四年五月三〇日にプラハ東方のリパニで行われた。穏健派にカトリックが加わった同盟軍と急進派の軍がどちらも車砦を築いて対峙したこの戦闘は、同盟軍の完勝に終わり、急進派はプロコプ・ホリーなどの指導者を失う大打撃をこうむった。そして一四三六年、チェコ議会が「バーゼル協約」を承認してフス派戦争は終結し、ジギスムントはようやくチェコ王として迎えられたのである。

フス派戦争の結果

中世後期ヨーロッパで最大の宗教紛争がなぜチェコで起こったのであろうか。近代になってチェコではこのフス派運動を一種の民族運動とする解釈が広まったが、フス派はあくまで教会改革を主張していたことは忘れてはならないし、フス派にはチェコ系以外の人々も含まれていたので、民族意識からこの事件を説明するのは無理がある。むしろ、一四世紀に神聖ローマ帝国の中核地域となったチェコで、教会と社会の危機がとりわけ深刻に受け止められていたこと、そしてチェコの貴族や市民たちが、教会改革を国全体の問題として受けとめるまでに成長していたことなどが背景として考えられるだろう。

戦争の結果も甚大であった。どんなに妥協

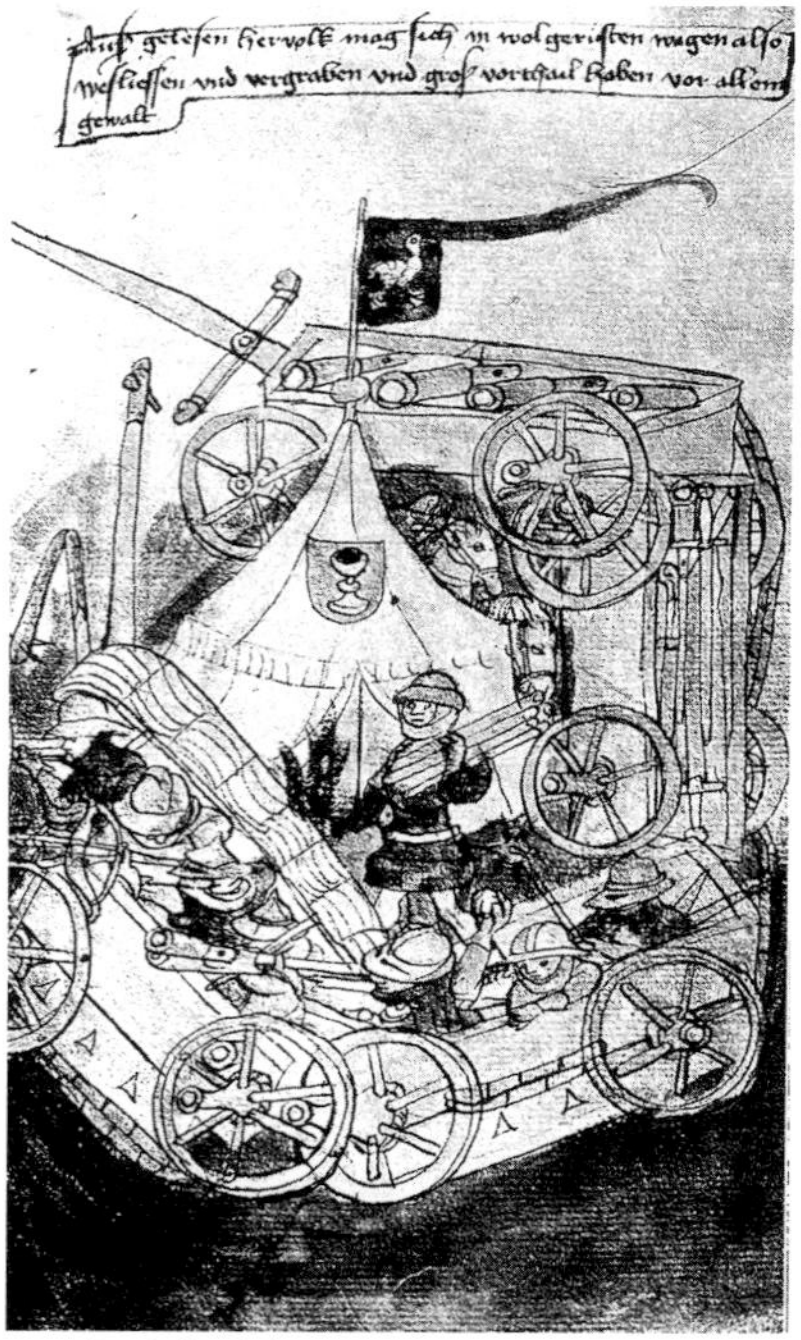

フス派の車砦 多数の戦車を連ねて戦場へ赴き、これで陣を築いて内側から小銃で迎え撃つ戦法は、従来の騎兵主力の軍に対して絶大な効果をあげたといわれる。

的なウトラキストであっても、フスらの改革運動を引き継いでいるという強い自覚は持ち合わせていたので、チェコとモラヴィアは事実上、カトリックとウトラキストの二宗派に分裂した。ヨーロッパにおけるローマ・カトリックの権威が確立して以来、これはまったく新しい事態であった。また、事実上の空位時代であった戦争期間中に、貴族が実力で国王や教会の所領を占有していったため、戦争終了の時点でチェコとモラヴィアの村落の九割近くを彼らが支配していたと推定されている。こうした行動においては、フス派もカトリックも大差なかった。しかもジギスムントは和解に際して、戦争中に生じた事態については一切問わないと約束したため、貴族たちは安心して彼を王に迎えることができたのである。戦闘で活躍したプラハなどの都市民も一定の社会的進出を果たしたが、圧倒的な貴族勢力を相手に政治的地位を維持するのは容易ではなかった。こうしてフス派戦争後のチェコとモラヴィアは、上級・下級の貴族を主な特権身分とする独特な身分制国家として、歴史を歩んでいくことになる。

十字軍（左）とフス派の軍（右）の戦い フス派の盾に描かれた聖杯は両形色聖餐の象徴。ガチョウが描かれているのは「フス」が「フサ」（チェコ語でガチョウ）と似ているからだが、フス派がガチョウをシンボルマークとした事実はないらしい。『イェナ写本』の挿絵。

空位と混乱

戦争後も、チェコ王位は安定しなかった。ジギスムントが一四三七年に死去してルクセンブルク家の男系が断絶したため、王位は娘婿でハプスブルク家のアルブレヒトが継承したが、彼も二年後に死去し、しばらくチェコ王は空位となった。一四五三年にようやくアルブレヒトの子ラジスラフが一三歳で即位したが、彼も四年後に死去したため、五八年、チェコ議会はウトラキストの貴族ポジェブラディのイジーを王に選出した。

　イジーはリパニの戦いにも参加し、のちにラジスラフの摂政となって頭角を現した人物である。チェコ出身の貴族でヨーロッパのいかなる王家とも無縁であったため、後世には「国民王」と呼ばれたこともある。実際、彼は自ら「二つの信仰の王」を称し、ウトラキストとカトリックの融和に腐心したが、この理想は高すぎた。両者とも自分たちこそ正しいキリスト教徒であると主張して譲らず、特にモラヴィアの諸都市やヴロツワフ司教などカトリック勢力は、イジーに対して反抗の構えを見せた。プラハでは、議会によって大司教に選ばれたヤン・ロキツァナが、急進派に近い立場でウトラキストを率いていた。

　しかも厄介なことに、イジーはローマ教皇ピウス二世からカトリック化の徹底を求められた。この教皇は優れた人文主義者であり、自ら『ボヘミア史』を執筆するほどのチェコ通でもあったが、バーゼル公会議がフス派と結んだ協約には自分は拘束されないとの立場から、その破棄を通告してきたのである。イジーはこの窮状を打開すべく、バルカン半島に進出していたオスマン帝国に対する軍事行動を呼びかけ、自ら発起人となってヨーロッ

ヴワディスワフ・ホール
1502年完成。儀式や宴会のための広間として王宮内に造られたが、時には市民に開放されて各種の店舗が並び、買物客でにぎわった（ザデラー画、1607年、部分）。

ヴワディスワフ（1456〜1516） ハンガリー王としてはウラースロー2世なので、チェコでも2世と呼ばれることが多い。この王の治世の後半、チェコやモラヴィアの情勢はしだいに安定へ向かった。プラハ小市街の特許状にある挿絵。

ポジェブラディのイジー（1420〜71）
クンシュチャート家出身のチェコ貴族。急進フス派の都市ターボルを屈服させ、穏健な立場から国内の和解・統合をめざしたが、カトリック貴族の反抗に終生悩まされた。

パ諸国の君主連合を提唱するなど外交に活路を求めたといわれるが、構想だけに終わっている。しかも一四六八年には、かつてイジーの娘婿であったハンガリー王マーチャーシュがカトリック貴族たちによってチェコ王に推戴され、これをきっかけに両者は戦争状態に入った。この混乱のさなかの一四七一年にイジーは急死した。後継のチェコ王には、ポーランド王の息子でハプスブルク家の血筋もひくヤゲウォ家のヴワディスワフが選ばれた。

クトナー・ホラの協定

ヤゲウォ家は一三世紀リトアニアに起源をもつ家柄で、一三八六年以来ポーランドも統治していた。チェコでは二代にわたって半世紀余り王座を占めることになる。この時代にチェコでは、貴族の社会的・政治的地位が頂点に達し、王は強力な貴族勢力の前にほとんどなすすべがなかった、としばしば語られてきた。実際、ウトラキストとカトリックがいつまでも抗争を続け、国王財産も多くが貴族の手に渡っているという状態では、王といえども貴族の意向を尊重せざるを得なかった。しかし、必ずしも王は優柔不断で無力であったわけではない。融和的な統治には少なくとも国内の対立を緩和する効果があった。そして王自身はカトリックであったが、フス派の支持も得て即位した以上、表立った圧迫は加えなかった。そうしたどっちつかずの曖昧さ

クトナー・ホラ 14世紀末から16世紀にかけて建てられた聖バルボラ大聖堂（左）は尖った屋根が特徴。右は17世紀に建てられたイエズス会の学院。

が和解の機運をもたらし、外圧も巧みにかわして、徐々にではあるがチェコに平和を回復させていったと捉えることもできるのである。

ヴワディスワフはマーチャーシュとの和解交渉に臨み、一四七九年にオロモウツの和約を結んで双方にとって無益な戦争を終わらせた。妥協策として両者ともにチェコ王を名のり、マーチャーシュにはモラヴィア、シレジア、ラウジッツが委ねられた。

こうして国際紛争は落着したが、次には内部対立を乗り越えなければならなかった。カトリック勢力の巻き返しに反発したプラハのウトラキスト市民が一四八三年九月に暴動を起こし、王の軍との間に衝突の危機が迫ったのである。ここに至ってついに双方の貴族が歩み寄り、一四八五年にクトナー・ホラで開催された議会で和解協定が成立した。この「クトナー・ホラの協定」には、カトリックとウトラキストは相互に相手を侵害してはならず現状を維持すること、さらにどちらの教会に通うかはその人の判断に委ねられることが明記されていた。一国の中での宗派共存、そして信仰実践における選択肢を認めていることから、この協定には時代を先取りした宗教的寛容の精神が読み取れる、とする説明は根強い。確かに他国に先がけて一種の宗教的多様性が認められたことは注目すべきであるが、それは紛争終結をめざした結果であり、信仰の自由の尊重という近代的ヒューマニズムの理念によるものではないことは強調しておかねばならない。

火薬塔 プラハ旧市街東端にあった王宮の一部として15世紀末に建てられた。図は1842年頃の姿。この後、建築家モッケルにより巨大な屋根が取りつけられたため、現在はかなり印象の異なる姿になっている。

ヤゲウォ家からハプスブルク家へ

一四八三年の暴動が起こるまで、ヴワディスワフはプラハ旧市街に住んでいたが、この後は危険を避けてプラハ城に移り住んだ。そして一四九〇年、マーチャーシュの死去を受けてハンガリー議会がヴワディスワフを王に選出したため、彼は本拠をブダ（今日のブダペシュトの一部）に移した。オスマン帝国の攻勢がいよいよ本格化したため、前線に近いハンガリーを重視したのである。チェコの人たちにしてみれば、王はほとんど留守という状況になってしまったが、ブダのハンガリー王の宮廷は決してチェコやモラヴィアの人々にとって無縁の場所ではなかった。特にモラヴィア貴族の中には、国政に関する著作などで知られるツィンブルクのツチボル・トヴァチョフスキーのように、マーチャーシュ時代からしばしばここに滞在し、イタリアから伝わってくる人文主義の息吹に接する人たちも現れた。

［上］**シェーデルの年代記に描かれたプラハ**（**1493年**）現存する最古のプラハ図として知られる。ヴルタヴァ川の対岸にプラハ城が大きく描かれるが、右岸の市街地はほとんど省略されている。手前はヴィシェフラトの廃墟。
［下］**プラハ城内の王国議会の間** もとはカレル４世の王宮の一部であったが、火災の後、16世紀半ばにB. ヴォールムートによって再建された。19世紀前半まで、議会や裁判の間として用いられた。

それに留守になったとはいえ、チェコで王が始めた事業は継続している。プラハ市内の王宮の南端には、マチェイ・レイセクによってすでに一四七七年に壮麗な塔が完成していた。さらにドイツ出身のベネディクト・リートやハンス・シュピースなどがプラハ城の王宮の増改築を手がけ、見事なアーチ型天井を持つヴワディスワフ・ホールなどの傑作を残している。鉱山都市クトナー・ホラはこの頃最盛期を迎えており、抗夫たちの守護聖人バルボラに捧げられた大聖堂の建築にもレイセクやリートが加わっていた。

議会でほぼ主導権を握ったチェコの貴族たちは、一五〇〇年に「ヴワディスワフの領邦条令」を成立させた。これは慣習法集成であったが、議会における権利を大幅に制限された市民たちは強く反発した。さらにこの時期には、貴族たちもしだいに商品生産に手を染めるようになり、市民としばしば衝突した。この頃から有力商品となっていたビールの醸造と販売の権利をめぐって議会が数年にわたって紛糾するという、チェコらしい「事件」も起こっている。

一五一六年にヴワディスワフはブダで没し、九歳の息子ルドヴィークがハンガリーとチェコの王となった。その翌年、北ドイツのヴィッテンベルクで修道士ルターが贖宥状に対する質問状を公開した。宗教改革時代の幕開けである。当初ルターはフス派のことは気に留めていなかったらしいが、フスの著作に接してからは公然と彼を弁護するようになった。ドイツで急速に拡大したルター派の影響はしだいにチェコにも及び、特にドイツ系住民の多い国境近辺に支持者を増やしていった。

一五二六年、ドナウ川に沿って北上するオスマン帝国軍を撃退すべく、ルドヴィークはハンガリー軍を率いて立ち向かったが、八月二九日のモハーチの戦闘はハンガリー側の大敗で終わり、ルドヴィークは帰らぬ人となった。プラハでは一〇月二三日に上級・下級貴族および市民代表による選挙が行われ、王位をルドヴィークの義兄でハプスブルク家のフェルディナントに提供することが決まった。

第3章 ハプスブルク君主国の形成とチェコ

ハプスブルク王朝の登場

スペイン生まれの新しいチェコ王フェルディナント一世は皇帝マクシミリアン一世の孫、そしてカール五世の弟である。この王が即位した一五二六年から、チェコは約四世紀にわたるハプスブルク朝時代に入る。

とはいえ当時の人々は、これをそれほど大きな転機だとは考えていなかったかもしれない。ハプスブルク家出身のチェコ王は過去にもいたし、フェルディナントは前国王ルドヴィークの親戚であることに加え、南ドイツの銀行家たちとのつながりも深く経済的基盤がしっかりしており、王の任務を全うできる人物として選ばれたのである。フェルディナントは、すでに一五二一年からオーストリア大公の地位にあり、ヤゲウォ朝の王たちと同じくプラハにはあまり姿を見せなかった。チェコの人々は、宮廷をプラハに置くように勧めたが、これは実現しなかった。チェコとオーストリアのほかにハンガリーの君主でもあったフェルディナントにとって、目下の最重要課題はオスマン帝国対策であった。大帝スレイマン一世のもとでまさに絶頂期にあったこの帝国は、ドナウ川中流の盆地を北上してヨーロッパ中央部にまで進出する勢いを見せており、一五二九年にはウィーンを包囲して人々を恐怖に陥れた。フェルディナントとしては、前線を離れてプラハまで引き下がるわけにはいかなかったのである。

チェコやモラヴィアの状況にも大きな変化はなかった。貴族はますます政治的権利を独占し、その地位を利用して醸造業や養鯉《ようり》業など収益の高い産業に手を染め、市民としばしば対立していた。そして貴族の間でも、ペルンシュテイン、ロジュミタール、ロジュンベルク、ロプコヴィツなど有力家門が勢力を競い合っていた。フェルディナントはこれを利用して多少は介入できたが、全体的には有力貴族との友好関係を維持する方針をとり、信頼できる人物をプラハ大城伯や宰相などに任命してチェコの統治を委ねた。モラヴィアではやはり有力貴族から選ばれる領邦長官が、王の代理の役目を果たした。

宗教的には一層「多様化」していた。ルター派は主にドイツ系住民の間に広まり、それに刺激されてウトラキストも一部が活性化して、新たなプロテスタント宗派を形成しつつあった。ヘルチツキーの教えに従う禁欲的な同胞団は、非合法の宗派として時に厳しい迫害を受けながらも純粋な信仰を守り続け、一定の社会的勢力になっていた。そして一部の貴族の所領には、ドイツから迫害を逃れて移り住んできた再洗礼派の姿も見られた。フェルディナントはこうした宗教事情を黙認せざるを得ず、騒動さえ起こさないならば特に抑圧はしないという姿勢を保っていた。

フェルディナント1世（1503～64）現実的な政治感覚でオーストリア、チェコ、ハンガリーを統治し、ハプスブルク帝国の基礎を築いた。チェコにルネサンス文化を導入した君主でもある。墓はプラハの聖ヴィート大聖堂内にある。

宗教問題とハプスブルク家

一五四六年から翌年にかけて隣国ドイツで生じたシュマルカルデン戦争が、一つの転機となった。チェコの貴族や市民ら一部の勢力が、ドイツのプロテスタント諸侯に呼応して王と武力対決する構えを見せたのである。しかし結局、貴族の叛乱は腰砕けに終わり、最後まで王に反抗したプラハなどの都市だけが厳しい処罰を受けた。プラハは所領を没収され、王が任命する都市裁判官の制度が復活するなど、フス派時代以来築いてきた自治を大きく削られた。

チェスキー・クルムロフ 南チェコで強大な勢力を築き上げたロジュンベルク家の拠点の一つ。城はその後エッゲンベルク家へ、さらにシュヴァルツェンベルク家へと受け継がれた。

この後、フェルディナントは積極的なカトリック化政策に転換したが、その方法はあくまで穏健であった。チェコの貴族とスペインやイタリアの貴族との結婚を奨励したのもその一つである。また、一五五六年にはイエズス会の修道院がプラハに設立され、優れた教育機関として宗派を問わず多くの子弟を集めた。プラハ中心部にあるその建物は後に増築され、現在でもクレメンティヌムという名で威容を誇っている。なおイエズス会はその後、一五六六年にオロモウツ、七二年にブルノにも進出し、特にオロモウツのイエズス会付属の学院はモラヴィア初の大学へと発展していった。また、王と同じフェルディナントという名の次男は、プラハに総督として着任すると、周囲に貴族や文化人を集めて狩猟や祝宴を楽しみ、若い貴族たちの使節団をイタリアへ派遣して南欧の空気に触れさせるなど、ルネサンス文化をこの国に吹き込むのに一役買った。

父親の方のフェルディナントは、ドイツの政治や宗教の問題にも積極的に対応し、一五五五年のアウクスブルクの和約で「領邦の信仰はその君主が決定する」という原則を確立させるために貢献したことで知られる。一五五六年には引退した兄を継いで皇帝に即位し、以降、皇帝の地位は彼の子孫が継承していくことになった

一五六四年にフェルディナント一世からチェコ、オーストリア、ハンガリーの統治と皇帝の位を引き継いだ長男マクシミリアン二世は、父親以上にプロテスタントに好意的と評判であった。チェコのウトラキストと同胞団はこの機をとらえ、信仰の原則を共同でまとめた「チェコの信仰告白」全二五条を一五七五年に提出して承認を求めた。ルター派の「アウクスブルクの信仰告白」に倣ったものである。これに応じたならば宗派の存在を公式に認めることになるので、マクシミリアンは信仰の自由の原則を口頭で確認するにとどまった。しかしこれを機会にウトラキストは、宗務局と護教官を備えた宗派として組織固めに入った。

ルドルフ二世とマティアス

次の皇帝ルドルフ二世は、一五八三年にプラハに移り住み、この街をヨーロッパ中から貴族や政治家、文化人らが集まる宮廷都市にしたことで知られる。ただしルドルフ自身は人前に出ることを嫌ってプラハの城にこもり、政治よりも芸術や学問に親しんだといわれる。さらに錬金術や異教的魔術にも関心を示し、当時のヨーロッパで最大級を誇ったプラハのユダヤ人共同体の指導者とも親交があった。しかしキリスト教世界の分裂と混沌はすでに手のほどこしようがなく、オスマン帝国を相手に戦いを挑もうにも自分にその実力が伴わないとい

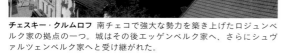

ルドルフ２世時代のプラハ ザデラーのプラハ鳥瞰図（1606 年）の一部。丘の上にプラハ城、その下に小市街が描かれる。当時の小市街には多くの宮廷関係者や外国の使節らが集まり、空前の活況を呈していたといわれる。

ルドルフ２世（ハンス・フォン・アーヘン画） 幅広い教養を備え、キリスト教文化の枠に収まらない精神世界を追い求めたルドルフは、当時の文化人の一つの典型ともいえる。

う現実を前にして、せめて精神・観念の世界に統一と調和を求めたという解釈もある。それにこの時代の王侯貴族や知識人の間で魔術や錬金術の「隠れ愛好者」は珍しくなく、ルドルフだけが風変わりだったわけではない。

　ルドルフの庇護を求めて、バルトロメウス・スプランヘル、ハンス・フォン・アーヘン、アドリアン・デ・フリースらマニエリスム芸術の大家たちがプラハに集まり、寓意やシンボリズムを駆使した作品を残した。貴族たちは宗派に関係なくすっかりルネサンス文化に浸り、瀟洒な館を建てて優雅な生活を楽しんだ。一六〇六年にザデラーが作成したプラハの鳥瞰図には、装いを新たにした市街の様子が克明に描かれている。

　多少の閉塞感はあったとはいえ、皇帝ルドルフ二世のもとで、チェコとモラヴィアは平和と繁栄を楽しんでいた。しかし治世の末年にはこれが急速に色あせていく。そこにはさまざまな事情がからんでいるが、王冠諸邦の足並みの乱れ、特にチェコとモラヴィアの意見対立も一つの要因であろう。

　モラヴィアは辺境伯領を名のっているが、辺境伯は一五世紀半ばから事実上空位で、政治は貴族たちが担当していた。そして熱心なフス派として知られたジェロチーン家から、逆に南部のミクロフでカトリック化を進めたディートリヒシュテイン家などまで、互いに干渉することなく共存し、全体としては非常に寛容度の高い社会が創られていた。そこでは同胞団や再洗礼派のような急進的プロテスタント、そしてユダヤ教徒など、宗教的マイノリティが生きる場も確保されていた。同胞団は東部のプシェロフや南部のイヴァンチツェなどで長老を選んで共同体生活を営み、その中からは、チェコ語版聖書（いわゆる『クラリツェの聖書』）で名高いイヴァンチツェの長老ヤン・ブラホスラフのような、深い人文主義的教養を備えた人物も現れた。

　モラヴィアの支配層としては、こうした寛容な体制が維持されるならば君主の所在地はウィーンでも、あるいは一五世紀のマーチャーシュの時のようにブダでもよく、プラハで選ばれたチェコ王に従わねばならない理由はなかった。モラヴィアとチェコとの間に言語や文化の違いはほとんどなく、双方に所領を持つ貴族も多かったが、王冠諸邦の盟主のようにふるまうチェコ貴族に対して、快く思わないモラヴィア貴族もいた。

　この状況下で、一六〇八年に、ルドルフの弟でウィーンにいるマティアスが、オーストリアやハンガリーの貴族と結んで兄に叛旗を翻すという事件が生じた。そしてモラヴィアの貴族も、この内紛を利用するべくマティアス側に加わった。しかしチェコのプロテスタント貴族らはルドルフを支援し、その見返りとして翌年七月九日に、信仰の自由を全面的に認める勅書を勝ち取った。チェコ側として

1618年の「投げ出し」事件 被害にあった貴族ヤロスラフ・マルティニツとヴィレーム・スラヴァタはその後皇帝の庇護を受けて伯爵の位を与えられ、子孫たちも高い地位についた。

は思わぬ成果であったが、こうした行動はモラヴィアの人々にはかえって危険と映った。

この後、一六一一年にルドルフを廃位してチェコ王位に就いたマティアスのもとで宮廷は一六一七年にウィーンに戻されたが、宗教政策などに変化はなかった。しかしこの頃、ドイツでプロテスタント諸侯の「同盟」とカトリック諸侯の「連盟」の対立が深刻化し、チェコやモラヴィアにも暗雲が漂い始める。徐々に緊張が高まる中、シレジアとの国境に近いチェコ北東部のブロウモフでプロテスタントの教会が閉鎖されたことなどが、大動乱の誘因となった。

三十年戦争

一六一八年五月二三日、プラハ城の行政局で、政務をとっていた二人の貴族と一人の書記が、苦情を申し立てに来たプロテスタント貴族たちによって二階の窓から放り出されるという事件が発生した。被害に遭った三名は幸い一命をとりとめた。事件を起こした側にしても、叛乱を起こすつもりはなかったに違いない。彼らはとりあえずプラハで執政府を組織し、皇帝側の出方をうかがった。しかし翌一六一九年三月にマティアスが死去し、厳格なカトリックとして知られる従弟のフェルディナント二世が統治を引き継ぐと、執政府は皇帝政府との対決姿勢を強め、周辺諸国にも参加を呼びかけた。これに対して、モラヴィア領邦長官であり同胞団のメンバーでもあるジェロチーン家のカレルは、「モラヴィアではすでに宗教の自由が完全に保障されている」ことを理由に静観の方針をとったが、まもなく政権の座を追われた。

そして七月三一日に、プラハを拠点に王冠諸邦全体が参加する形で「ボヘミア連合」が成立した。八月にはフェルディナントが廃位を宣言され、新たな王には、ドイツのプロテスタント同盟の総帥であったプファルツ選挙侯フリードリヒが選出された。このボヘミア連合は、貴族や市民など諸身分の自発的参加にもとづく一種の連邦国家創設の試みとして注目に値するが、財政的にも軍事的にもあまりに弱体であった。一六二〇年一一月八日、プラハ西郊のビーラー・ホラ（「白い山」の意）の決戦でボヘミア連合の軍は皇帝軍にあっけなく敗北し、ただちにハプスブルク家による王冠諸邦支配が復活した。フェルディナント二世にとっては、強力な君主権を築き上げるまたとない機会であった。

ビーラー・ホラの戦い プラハ西郊の広々とした丘の上が戦場となった。傭兵軍同士の衝突であまり士気は高くなく、3時間ほどの戦闘でほぼ勝敗は決まったといわれる。

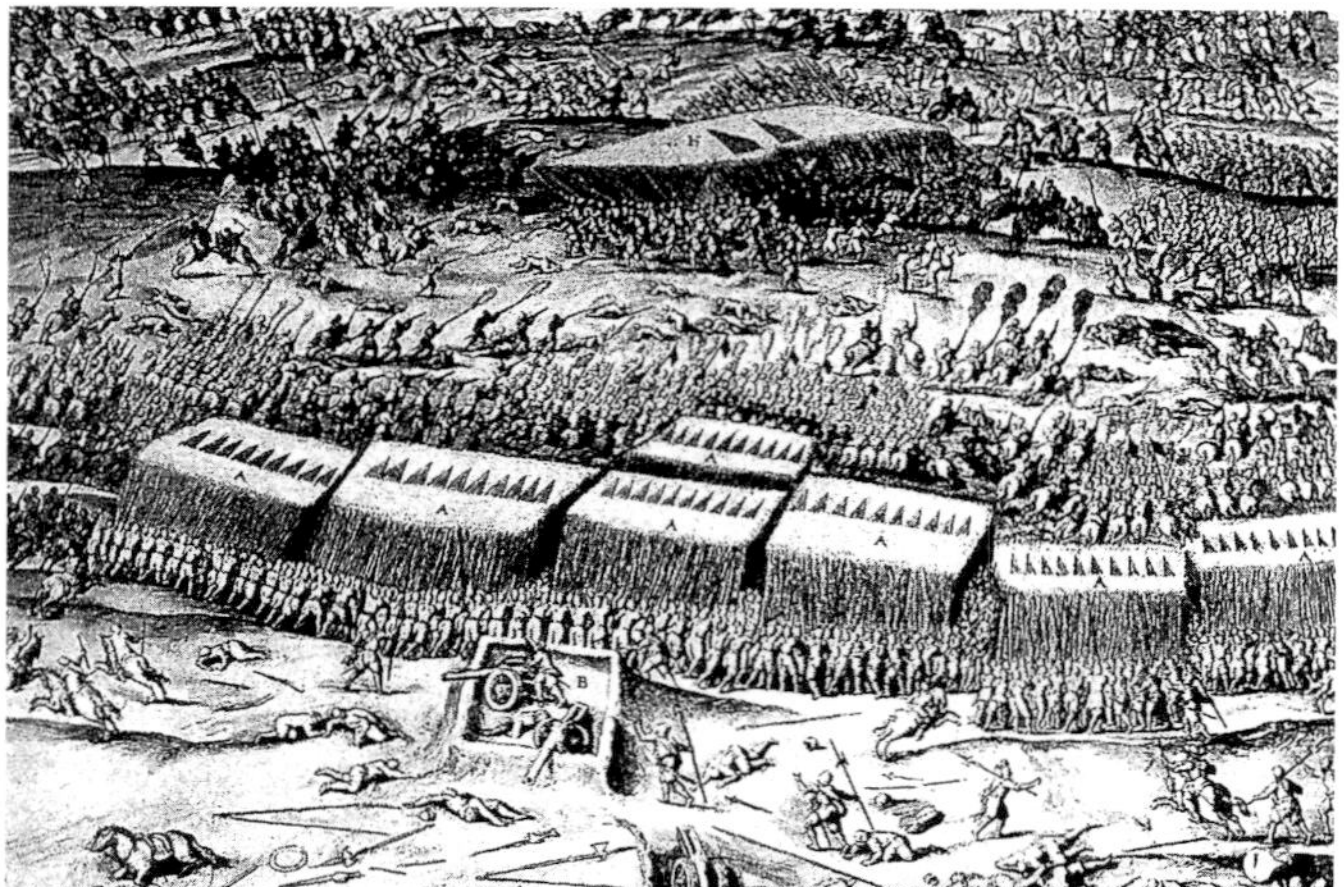

一六二一年六月二一日、プラハにおいて叛乱の首謀者二七名が処刑された。ルドルフ二世の勅書は廃止され、プロテスタント貴族は所領のすべてであるいは一部を没収された。プロテスタントの信仰は禁止され、貴族にはカトリックへ改宗するか亡命するか選ぶ余地もあったが、一般民は強制的改宗に応じる以外になかった。没収された所領は、ハプスブルク家に忠実な貴族や軍人に与えられ、チェコやモラヴィアの貴族の中に多くの西欧や南欧の出身者が加わることになった。

三十年戦争後半の状況　ハプスブルク家に対抗する勢力にとって、チェコやモラヴィアは恰好の攻撃対象であり、特に最後の数年間は毎年のように傭兵軍が荒らしまわっていった。

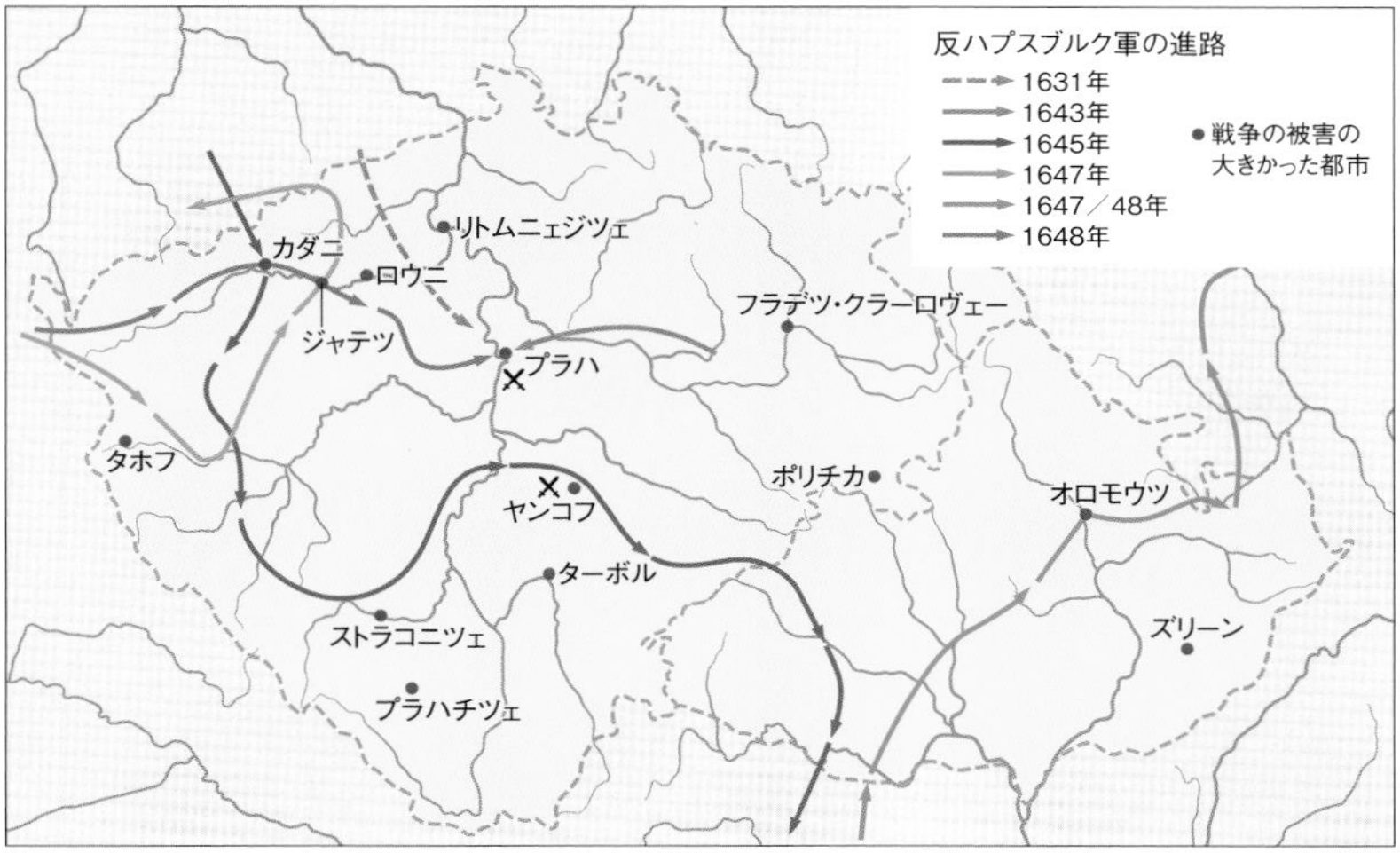

フェルディナント二世は一六二七年にチェコに対して、さらに翌年モラヴィアに対して「改定領邦条令」を発布した。そこにはまず王冠諸邦がハプスブルク家の世襲領であることが明記され、さらにカトリック以外の信仰の禁止、王だけが貴族身分の認定権を持つこと、ドイツ語をチェコ語と同格にすることなどが定められていた。ハプスブルク家はついに諸身分を屈服させ、唯一正統のチェコ王としての地位を確立したのである。

しかしチェコの叛乱は、はるかに大きな動乱の幕開けに過ぎなかった。紛争はドイツに飛び火し、信仰の問題を理由に、さらには純粋に政治的動機から周辺諸国が介入したため、果てしのない戦乱へと拡大したのである。ドイツや諸外国の傭兵隊長たちが率いる反ハプスブルク陣営の軍が、皇帝の本拠を突こうとウィーンをめざすたびに、チェコやモラヴィアが戦場になった。一六三一年一一月にはザクセン軍がプラハを一時的に占領し、亡命していたプロテスタントも復帰し始めた。しかし翌年五月にプラハは、皇帝軍の総司令官ヴァレンシュタインによって奪還された。

ヴァレンシュタインはチェコ北部の古い貴族の家に生まれ、同胞団の学校で教育を受けたが、カトリックに改宗した。そして皇帝軍の総司令官として華々しい活躍を見せ、一挙に権勢の頂点にまで昇りつめた。しかしあまりの勢力拡大は各方面の反感を招き、またスウェーデンと単独交渉を進めるなどしたために皇帝からも疑念を抱かれ、一六三四年二月二五日にチェコ西部のヘプで暗殺された。そしてこの年の夏にはザクセン軍が、スウェーデン軍とともに再びプラハに迫った。しかし翌一六三五年五月に皇帝とザクセン選挙侯との間でプラハの和約が結ばれ、ザクセンは講和の条件としてラウジッツを獲得した。こうして王冠諸邦の一部が永久に失われることになった。

ヴァレンシュタイン（1583～1634）　ヴァルトシュタイン（チェコ語でヴァルトシュテイン）とも呼ばれる。1620年代に彼がプラハに建てたヴァルトシュテイン宮は、現在、議会（上院）の議事堂として利用されている。

プラハを攻撃するスウェーデン軍（１６４８年）プラハの旧市街と新市街は激しい砲撃をかろうじて持ちこたえた。カレル・シュクレータの絵をもとにした銅版画。

ウェストファリア条約締結時（1648 年）におけるオーストリア系ハプスブルク家の領土
東方での支配権確立に努めたが、ハンガリーの大半はいまだオスマン帝国が直接的・間接的に支配していた。

なった。

戦争も終盤に入った一六三九年以降には、スウェーデン軍が数回にわたってチェコやモラヴィアに入ったが、これはウィーン攻略のためというよりも、皇帝側の領土を荒廃させ、疲弊させるためであった。一六四五年三月にチェコ中部のヤンコフでスウェーデン軍が皇帝軍を破った戦いは、三十年戦争で最も悲惨な戦闘の一つといわれる。そして一六四八年七月、スウェーデン軍はプラハのヴルタヴァ左岸を占領し、全市街の掌握を試みたが、市民らの必死の抗戦の前に退却した。すでにプラハ市民にとっては、カトリックとプロテスタントいずれが勝利するかよりも、戦争の終結の方が大切だったのである。スウェーデン軍の退却とともに、かつてルドルフ二世が収集した数々の美術品もプラハから姿を消した。また、この戦闘の勝利を祝してプラハ旧市街

広場に聖母マリア記念柱が建てられた。ただしこれは、ハプスブルク家の支配の象徴のようにみなされて一九一八年に引き倒された。

　戦争によってチェコやモラヴィアは大きな痛手を被った。戦闘の直接の被害だけでなく、生活基盤の破壊による間接的な打撃も大きく、人口は戦争前の三分の二に減少した。特に農村部の荒廃はひどく、農業生産が戦前のレベルに回復するには一七世紀末を待たねばならなかったといわれる。

花開くバロック文化

　三十年戦争は一六四八年のウェストファリア条約によって終結した。神聖ローマ帝国は半ば自立した諸侯国などの連合体となり、皇帝はその内部には基本的に介入できなくなった。これ以降ハプスブルク家は、オーストリアおよび新たに世襲的支配を確立したチェコ、モラヴィア、シレジアを中心に、独自の国家体制を築いていくことになる。

　この後の約二世紀のことを、かつてチェコでは、国が事実上消滅し、ハプスブルク家の強圧的な支配のもとに置かれた暗黒時代と呼びならわしてきた。チェコもモラヴィアも、今やウィーンにある皇帝政府にしっかりと結びつけられ、「ハプスブルク君主国」の一地方としての性格を強めていったのは事実である。

［上］**1740年のプラハ旧市街広場** 右側にみえる聖母マリア記念柱は後に引き倒されたが、現在再建の計画が持ち上がっている。
［左］**ヤン・アーモス・コメンスキー**（1592～1670）コメニウスとも称する。南モラヴィアに生まれ、同胞団の指導者となる。神学者、教育学者として学問・知識の総合的体系化に取り組んだ。1628年以降はポーランドなどで亡命生活を送った。

　しかし、中世以来のチェコやモラヴィアの国家体制は、すべて失われたわけではない。ほぼ課税協賛権に限定されたものの両国の身分制議会は存続し、しかも一七世紀半ばに、議会は限定的ながら発議権を回復した。また情勢がすっかり安定すると、一六八六年にモラヴィアで、一七一四年にチェコで領邦委員会が設置され、モラヴィアでは領邦長官が、チェコではプラハ最高城伯が統括して、税制や財産の管理、軍事、宗教問題などを扱った。これらの制度をもとに、有力貴族はウィーンの宮廷と密接に連携しつつ、なおも支配的地位を維持していた。

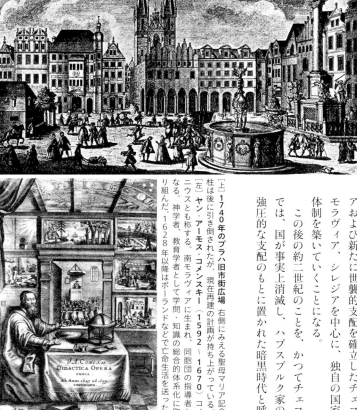

　プロテスタントの追放と新たな貴族の流入により、支配階層に大きな入れ替えがあったのは事実である。しかし以前からハプスブルク家を支持し、カトリックを信仰していた貴族たちはこの激動を乗り越えることができたし、新たに外国から参入した貴族もまもなくチェコやモラヴィアの風土になじみ、「土着の貴族」の性格を強めていった。

　ハプスブルク君主国の一部として周辺地域との関係が深まった結果、チェコやモラヴィアでは必然的にドイツ化が進み、一八世紀に

［上］**クロムニェジーシの庭園** 17世紀後半、チェコやモラヴィアは30年戦争の痛手から少しずつ回復した。モラヴィアのクロムニェジーシの街はオロモウツ司教カール2世により復興され、優雅なイタリア風庭園も造られた。
［下］**ヴラノフ・ナド・ディイー城** オーストリアとの国境近く、ディイェ川の断崖の上に立つ。中世のゴシック風の要塞は、17世紀末から18世紀初めにかけて、フィッシャー・フォン・エアラッハらの手で華麗な城に生まれ変わった。

入る頃には、公的な場では主にドイツ語が通用していた。しかし一般社会ではなおもチェコ語が普通に用いられたし、政府の側には、スラヴ系の言語やこれにもとづく文化を抑圧する意図も、その必要性もなかった。「チェコではハプスブルク家によってドイツ語が強制された」とする説明にはまったく根拠はない。皇帝レオポルト一世はチェコの守護聖人への畏敬を込めて、長男をヴェンツェル（チェコ語でヴァーツラフ）と名づけた。ただしこのヴェンツェルは夭折してしまい、皇帝にはなれなかった。

　一七世紀後半から一八世紀にかけてのヨーロッパでは、バロック文化が時代の精神として最盛期を迎えた。その重厚かつ華麗な様式は、宗教紛争が過ぎ去り、再びキリスト教世界に平和が訪れたことを祝するかのようであり、特にカトリック圏では、感覚に直接訴える幻惑的なまでの効果を用いて神の偉大さが表現された。チェコでも、ディーンツェンホーファー父子、フランチシェク・マクシミリアン・カニカ、アンセルモ・ルラーゴらが壮麗な教会や宮殿などの建造で腕を競った。プラハのカレル橋の上に聖人像がギャラリーのように立ち並ぶなど、都市全体が神を讃える空間へと変貌していったのもこの時期である。

　しかしチェコやモラヴィアのバロック文化は、「伝統あるキリスト教国」への祖国愛の表現という一面も持っていた。一四世紀末にプラハで非業の死を遂げた一聖職者をもとに、ヤン・ネポムツキーという非常に郷土色の強い聖人の伝説が作られ、民衆の間に絶大な人気を博したのはその好例である。また、イエズス会士ボフスラフ・バルビーンは多くの著作の中で、持ち前の博学さで祖国チェコを讃えた。建築家のサンティーニは、バロック様式でありながら中世をイメージしたといわれる独特な教会で、当時の雰囲気を今に伝えている。

　こうしてチェコやモラヴィアでは、戦争の災禍から回復するに従い、王朝と貴族の圧倒的な権威のもとで比較的平和な時代が続いた。そのもとで一般民、特に市民や農民がどのように暮らしていたかは後の章で触れることにして、ここでは、こうした支配層とは対極にあった人たちについて見ておきたい。

近世チェコのユダヤ人

　すでに一一世紀のプラハにユダヤ人の姿があったことは第一章で触れたが、中世後期になって西欧諸国で頻繁に追放令が出されるようになると、チェコなどヨーロッパ東部へのユダヤ人移住が加速した。この地域ではユダヤ人はなおも比較的自由に金融業や商取引を営むことができ、多額の税の見返りに王の特別な保護下に置かれた。キリスト教徒市民との接触を避けるため、壁で囲った居住区（ゲ

［左］**ゼレナー・ホラの聖ヤン・ネポムツキー巡礼教会** モラヴィア西部、ジャール・ナト・サーザヴォウの郊外に1719～22年にかけて建てられた。設計者ヤン・ブラジェイ・サンティーニはイタリアからの移民の子孫。
［右］**プラハのエステート劇場** プラハにも本格的な劇場をという願いに応えて、ノスティツ伯爵により1783年に建てられた。1787年にモーツァルト自身の指揮によりオペラ『ドン・ジョヴァンニ』が初演されたことでも知られる。

ットー）に住むのが原則であり、指導者であるラビのもとで一定の自治も認められた。しかしプラハでも、一三八九年に「聖体を侮辱した」ことを理由に大規模なゲットー襲撃事件が生じている。

一五世紀以降、ユダヤ人共同体を管理する役割は王から都市当局へと移っていき、この頃からユダヤ人の地位は不安定になっていく。金融業や商工業で市民と競合するようになったのも一因だが、「儀式殺人」すなわち儀式でキリスト教徒女性の血を用いるといったあらぬ疑いをかけられ、さらに放火やトルコのスパイなどの罪を着せられることも多かった。一五四一年にプラハで大火が発生すると、翌年、チェコ議会はユダヤ人追放を決定した。しかし王はこれを必ずしも認めず、ユダヤ人は追放を命じられてはまた戻るという生活を続けた。

　貴族の保護下ではユダヤ人はもう少し安全

［上］**プラハのユダヤ人の宴会**（**19世紀前半**）「埋葬兄弟団」の記念式典後の様子。伝統的ユダヤ教徒の正装に身を包んでいるが、宴会を楽しむ様子はいずこも同じ。
［下］**プラハのユダヤ人街** 密集した市街地は19世紀末から20世紀初頭にかけて解体・撤去された。ヤン・ミナジークの描く画面からは、失われていく古い都市景観へのノスタルジーが伝わってくる。

ロマの入国禁止を示した図 1708年にシレジアでロマ立ち入り禁止令が出され、こうした画像でその内容が伝えられた。ロマの家族に対し、役人が絞首台の前に立って威嚇し、引き返すように命じている。

であった。特にモラヴィアの強力な貴族の領地では、商工業だけでなく、税関業務を請け負って所領経営の一端を担う者もいた。

ハプスブルク家は、他の王家に比べるとユダヤ人に好意的であったとする評価もある。ルドルフ二世時代のプラハのラビ、マイスルのように宮廷ユダヤ人の地位を獲得した人物もいる。もちろんこれはルドルフにとって、何よりもマイスルの財産が魅力的であったからである。三十年戦争後になってもユダヤ人は、追放を求める議会と、あくまで彼らを保護下に置こうとする王との間で不安定な立場にあった。この時期に動乱に見舞われたポーランドから多くのユダヤ人が避難してきたため、事態はさらに深刻になった。一七二六年に皇帝カール六世はチェコとモラヴィアを対象に「家族法」を制定して、一定数のユダヤ人だけに居住許可を与える方針をとり、この原則は一九世紀まで維持された。

ロマたちの記録

一一世紀以降のバルカン半島で、そして一五世紀までには東欧や中欧の広い領域で、ツィガーンあるいはツィカーンなどの名称で呼ばれる人々が登場する。後に英語でジプシーと呼ばれ、現在正式にはロマと呼ばれる人々の祖先とされている。出身地はインド北西部とする説が有力だが、移動してきた経路や時期も明確でなく、おそらく単一のエスニック集団と考えない方がよいであろう。金属加工の技術などを見込まれ、一四二三年にジグモンドがハンガリー王として彼らに移動の自由と自治組織を認めたことは有名だが、ここではチェコやモラヴィアを例にロマの置かれた状況について触れておきたい。

チェコでは一五世紀からロマに関する記録が現れ、一四八一年にクトナー・ホラやプラハでその姿が見られた。当初は市民から宿を提供されたりしていたが、しだいにトルコのスパイ、放火犯などの噂もたてられ、チェコ王フェルディナント一世は彼らの滞在を禁止する方針を打ち出した。モラヴィアでも一六世紀半ば以降、領邦議会が「ツィカーン入国禁止」の決議を繰り返している。放火・殺人・盗みなどの疑いをかけられて過酷な取り調べを受け、その「自白」をもとにさらに多くのロマが逮捕されて処刑されるといった事件も相次いだ。

この後、一八世紀まで追放令は頻繁に出され、追放後に再び戻ってくれば処刑するとまで申し渡されたが、同じような命令は各国で出されているので、ロマとしては行き場がなかった。現実には、鍛治工、薬草の専門家、獣医などとして地域社会で共存し、領主や都市当局から黙認されているロマも多く、（ロマではない）正式な農奴としての認定証を携帯する者もいた。市の役人が、一般人と偽ってロマを滞在させたとして皇帝政府により罰せられた例もある。実際、ツィカーンと呼ばれた人たちのグループには、様々な理由で途中からこれに加わった人たちも含まれており、異質な集団として排除する周囲の視線自体が、彼らを他者として浮き立たせていたというべきであろう。

隠れプロテスタント

皇帝政府によってカトリックが強制されたこの時代、貴族のように亡命することもできず、密かに信仰を守り通す「隠れプロテスタント」がいた。彼らは表向きカトリック教会に通いつつ、夜間に人目を忍んで森の中などで集会を開いていた。しかし宗派としての組織を持たないため聖職者を補充できず、しだいに俗人が聖餐式その他を挙行するようになった。また聖歌集や祈禱書なども、当局の目を逃れて隠し持っていたものを用いるしかなかった。ザクセンや今日のスロヴァキアに近い地域では、時にはルター派の説教師の訪問を受けることもあったが、孤立した活動を続ける間に彼らの宗教的実践は独特なものとなり、ルター派、ウトラキスト、そして同胞団などの間にあった違いも曖昧になっていった。

厳しい状況にあったとはいえ、隠れプロテスタントたちは、信仰の自由を取り戻す期待を失ったわけではなく、特に一七三二年秋にはチェコ東部のオポチノで大規模な請願運動が起こった。これは叛乱に発展したが鎮圧され、彼らはさらに深く身を潜めなければならなかった。これに先立つ一七二二年、上ラウジッツのヘルンフートにあるツィンツェンドルフ伯爵の所領で、主に北モラヴィアからの亡命者たちがコロニーを築き、フス派の同胞団再生につなげたことも、この事件の背景にあるのかもしれない。また、王冠諸邦の一部とはいえシレジアではプロテスタントは基本的に容認されていたし、モラヴィアでも彼らは時に活発な活動を見せ、スロヴァキアに近いヴァラシスコ地方では、一七七七年に一万五〇〇〇人の福音派が名乗り出て信仰の合法化を求めた。一八世紀末に宗教的寛容が実現する背景には、こうした実情があったのである。

啓蒙絶対主義の時代

一七二〇年、チェコの議会は、皇帝カール六世が発した「プラグマティシェ・ザンクツィオン（国事詔書）」を承認した。ハプスブルク家の領土の永久不可分と女系の相続権を定めた文書であり、ウィーンの宮廷と深く結ばれたチェコの貴族としては特に異論はなかった。しかしこの頃には、三十年戦争の痛手からも完全に回復し、皇帝政府に最大の税収をもたらす国として、もう少し自己主張してもよいのではないかという機運も生じていた。

カール六世が一七四〇年に死去すると、久々の動乱が生じた。娘マリア・テレジアによる相続にバイエルン選挙侯が異を唱え、またプロイセンがシレジアの割譲を要求して軍を進めたのである。一七四一年にフランス軍とともにプラハに入ったバイエルン選挙侯カール・アルブレヒトは、正式にチェコ王として承認されたが、四三年初めにはハプスブルク家がプラハを奪回し、チェコ王冠を取り戻した。しかしシレジアは南部の一地域を除いてプロイセンに奪われた。この「オーストリア継承戦争」、そして一七五六年に始まる「七年戦争」で実力不足を痛感したハプスブルク家は、体制の根本的な見直しを迫られた。

マリア・テレジアは大がかりな改革に乗り出した。常備軍強化のための税制改革、および中央と地方の行政改革が実施され、これまでチェコとオーストリアそれぞれにあった行政局は統合されてウィーンに置かれた。また、領主に対する農民の不満の高まりを背景に、土地台帳令や賦役規制など農民保護政策も試みられたが、貴族の意向を汲んで慎重に進める必要があった。こうした改革を推進した開明的な官僚には王冠諸邦出身者も多く、行政改革を進めたフリードリヒ・ヴィルヘルム・フォン・ハウクヴィッツはシレジアの出身、宰相としてマリア・テレジアを補佐したヴェンツェル・アントン・フォン・カウニッツはウィーンの出身だが、その一族の本拠はモラヴィアにあった。また官房経済学者ヨーゼフ・フォン・ゾンネンフェルスはミクロフの出身で、父親はユダヤ教のラビであった。

マリア・テレジアは、即位当初の経験もあってチェコにあまり親しみを持たなかったともいわれる。しかし彼女の指示によって、多少荒廃していたプラハ城に大改修が施され、今日ヴルタヴァ河畔から見上げるような壮麗な姿を現したことも思い起こしておくべきであろう。

一七八〇年にマリア・テレジアが死去してヨーゼフ二世が単独統治を始めると、いわゆる「ヨーゼフ主義」と呼ばれる大改革の時代に入るが、チェコとモラヴィアは最もその影響を受けた地域であった。行政と司法はそれぞれウィーンに置かれた統一宮廷庁と最高司法庁に一本化され、隷農制廃止令によって農民は法的には自由な身分となった。寛容令によりカトリック以外の宗派も信仰の自由を回復し、社会的に不要とされた修道院は解散を命じられて所領を没収された。官庁や高等教育機関の使用言語をドイツ語に一本化したのは効率性を高めるためであり、ドイツ語以外の言語を冷遇する意図があったわけではない。

　こうした改革は、一種の合理主義によって社会の質を高め、人々の幸福を増進させるという啓蒙主義の理念にもとづいており、福祉施設の充実による生活水準の向上など大きな成果もあった。しかし改革の最終目標は、政府が国民を直接把握し、統一的な国民の上に集権的な国家を創ることであった。改革はユダヤ人にも及び、彼らはゲットーへの居住義務を解かれて一般民と同じ地位に置かれ、商工業の営業もほぼ自由になったが、これもまた強力な国家統合のための手段だったのである。

　しかしあまりに性急な集権化に特権身分は反発し、チェコの貴族たちはこれを一六二七年の「改定領邦条令」違反とみなして攻撃した。伝統社会になじんだ一般民にもこうした強引な改革は受け入れられず、最終的にヨーゼフ二世は寛容令など一部を残して撤回を余儀なくされた。しかし啓蒙の精神にもとづいて社会を刷新しようとする動きは時代の趨勢でもあり、チェコやモラヴィアにもその影響はすでにおよび始めていた。

プラハ城正門 プラハ城とフラチャニ地区の間は堀で隔てられていたが、マリア・テレジアの意向により堀は埋め立てられ、王宮の建物にもほぼ全面的な改築がほどこされた。

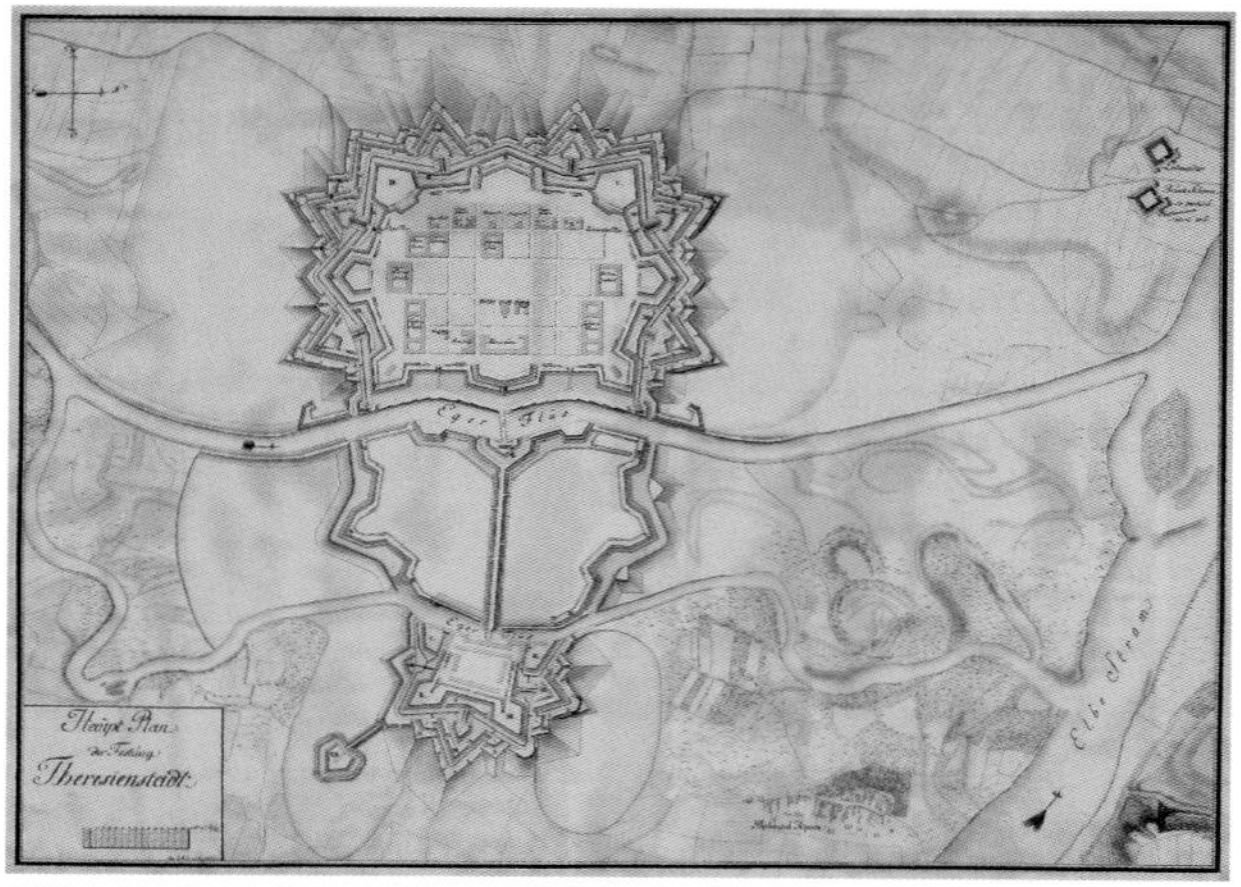

［上］**要塞都市テレジーン** マリア・テレジアにより、プラハ北方の防備のために造られた。幾何学模様の堡塁に囲まれた純粋に軍事目的の都市。第二次大戦下にユダヤ人の収容施設として利用されたことでも有名。
［下］**畔を耕すヨーゼフ2世** ブルノ近郊を移動中、馬車が故障したので時間をつぶしていたらしいが、分け隔てなく民衆と接することの大切さをよく心得ていた皇帝らしい行動でもある。

第4章

チェコとモラヴィアの都市と農村——中世から近世

チェコやモラヴィアでは今でも、中世から近世にかけて築き上げられた姿をはっきりととどめる都市の景観に出会う。プラハのような大都市でもそうだが、各地の小さな街を訪ねると、その印象はさらに強まる。そしてその周囲には、いずれかの時代に森林や沼沢地を開拓して作られた農村風景が広がる。こうした都市や農村におけるごく平均的な暮らしむきの人々は、それぞれの時代に、どのような環境のもとで、どのように生きてきたのであろうか。この章では、ごく簡潔な形ではあるが、近世までの都市民と農民の世界をたどってみたい。

都市の成立

チェコやモラヴィアの都市の起源はどこにまでさかのぼれるであろうか。商人たちが主に住む集落という意味ならば、プラハ城の下のヴルタヴァ河畔に、すでに一〇世紀半ばには存在したと伝えられる。しかし一個の住民団体としての資格を備え、自治的に運営され

15世紀末～16世紀初頭チェコとモラヴィアの経済・商業
ラベ川やヴルタヴァ川流域には多数の養魚池が作られ、今でもその一部が残されている。
モラヴィア南部のほか、プラハ周辺でもブドウが栽培されていた。

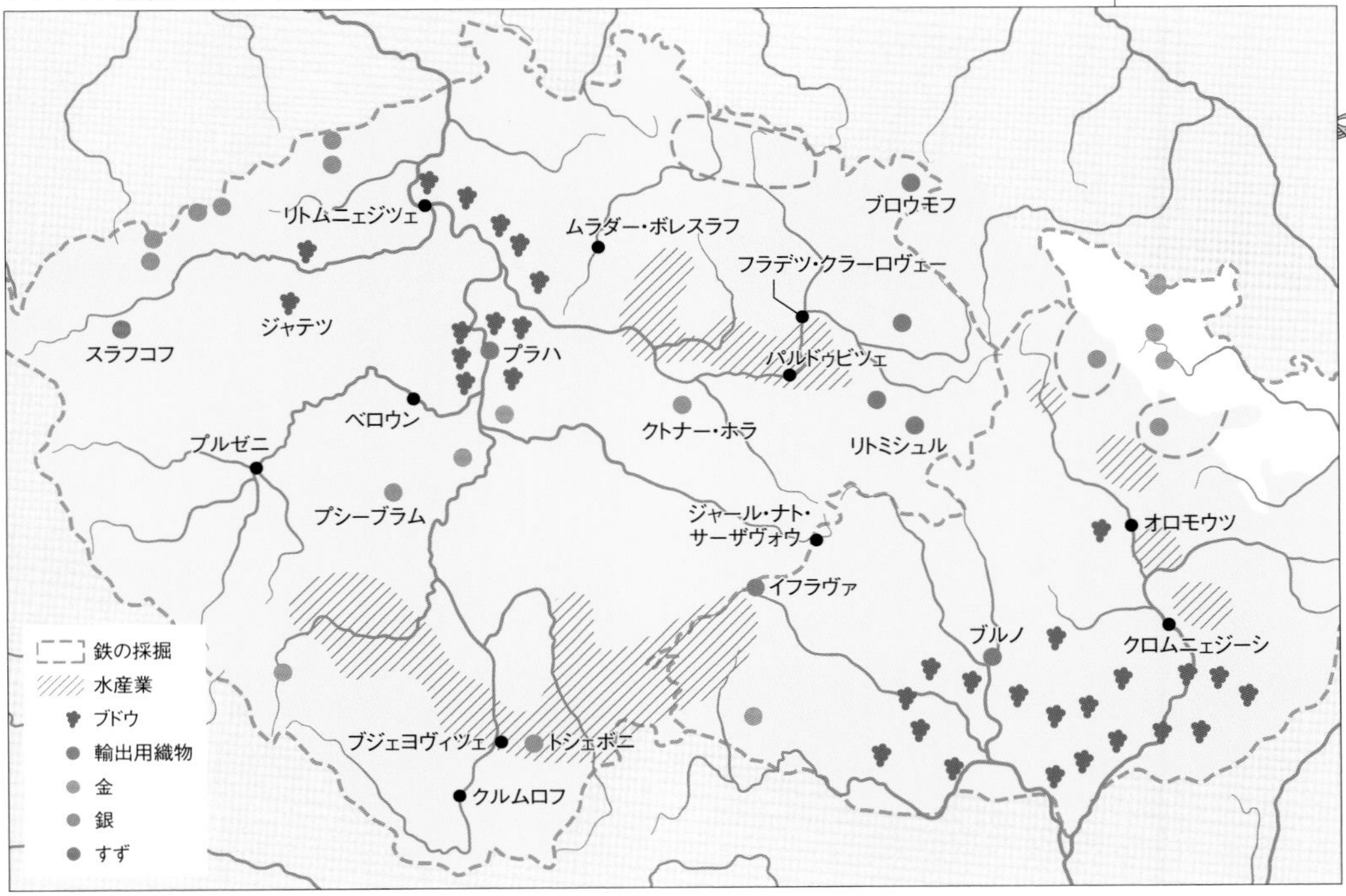

る都市が続々と登場したのは、国王や貴族による植民活動が盛んに展開した一三世紀以降であった。これらの都市には、しばしば領主である国王や貴族から特許状が与えられ、そこには、領主のもとに毎年納める貢租の額、周囲の耕地や森林の用益権、市場開催権、そして軽微な事件に対する裁判権などが規定されていた。国土開発の一環としての都市建設は、この時期の一種の流行現象であり、一二五三年から一三〇六年までに確認できる都市建設事業は、チェコだけで約一三〇件にのぼる。国の大きさを考えると、かなり稠密な都市網が形成されたことになる。とはいえその多くはごく小規模な都市で、人口一〇〇〇人に満たないものもあり、維持できずに消滅してしまったものもある。

　中世における主要な都市は、ほとんどが国王都市、すなわち国王を領主とする都市であった。その数は時代を通じてあまり変化せず、一五〇〇年前後のチェコには三九の国王都市があった。現在の各地の中核都市にも、かつての国王都市にさかのぼるものが多い。たいていの都市は商取引の場として作られたが、やや特殊なものとしては鉱山都市があり、これは鉱山の採掘状況しだいで盛衰を繰り返した。イフラヴァやクトナー・ホラについてはすでに触れたが、この両者は銀鉱が枯渇した後、産業都市として生まれ変わった。その他、ドイツのザクセン地方との境界近くに、一六世紀に栄えたヤーヒモフがある。ドイツ語ではヨアヒムスタールと呼ばれ、通貨の単位としてのターラーという単語を生み出し、これがドルの語源となったことでも有名である。

　一四世紀に入る頃には、特権身分の中に、わずかだが都市代表の姿もあった。一三一〇年に皇帝ハインリヒ七世のもとに送られた使節には、聖職者や貴族のほかに、プラハとクトナー・ホラの代表も加わっていた。また一三五六年にカレル四世がプラハでチェコ王国議会を開いた際には、大小の貴族たちに加えて「市民たち」も召集されている。

　都市の自治を担う代表機関としては市参事会があり、通常は一二名で構成されていたが、例外的にプラハ旧市街と新市街、そしてクトナー・ホラの市参事会は一八名であった。市

『ヴェリスラフの聖書』に描かれたバベルの塔建設の模様 実際の都市の建築現場の風景であろう。石材などを運び上げるための滑車（右下）は、人間が車輪を踏んで回転させて動かしていた。

都市の建設を指導する王 1400年頃に作成された『ヴァーツラフ４世の聖書』挿絵。石工たちの作業の様子が克明に描かれる。左下の都市はすでに完成しているらしい。

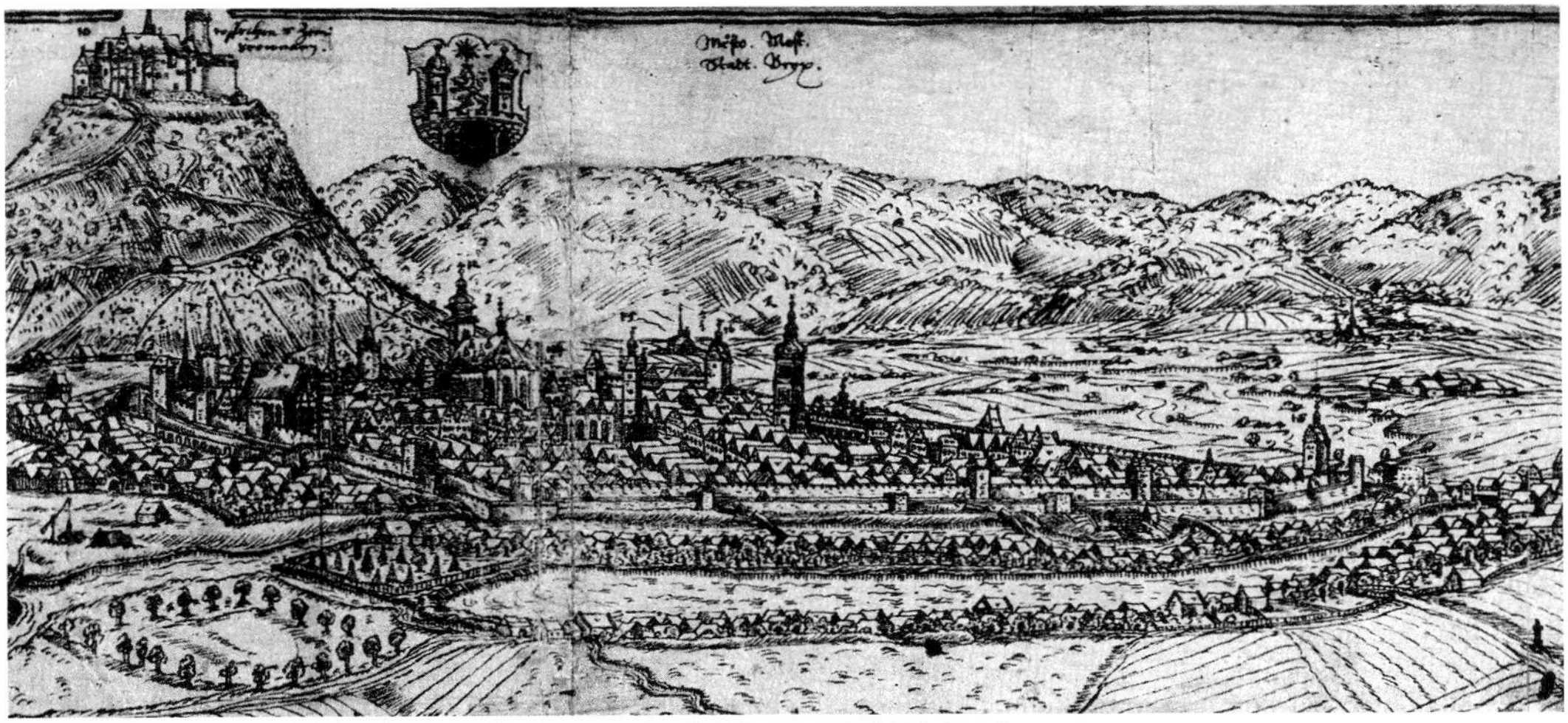

国王都市モストの図（**17 世紀初頭**）チェコ北西部のモストは都市としての規模は小さいが、ドイツのザクセン地方との交易で栄えた。

犂耕の風景『プラハ大司教イェンシュテインのヤンの写本』（1396～97 年）にある挿絵。金属製の刃のついた犂を 3 頭の馬が引いている。

参事会員は一年ごとに交代し、新たなメンバーは都市領主の承認を得るのが原則だった。多くの場合、市参事会員の地位は、最も有力な商人組合の代表など、都市貴族と呼ばれる一握りの特権集団が事実上独占していたが、国王は必要に応じ、この承認権を用いて市政に介入することもできたのである。通常、市参事会員は四週間交代で市長を務め、新たに発足した市参事会で最初に市長を務める者は筆頭市長（プリマートル）と呼ばれた。本来、都市は領主が任命する都市代官の支配下にあったが、自治の拡大に伴い、遅くとも一六世紀には都市代官は市の機構に組み込まれていった。

　小規模とはいえ高度な自治機構を備えた都市の場合と異なり、中世の農村について、特にそこで人々がいかに生活していたかに関して、手がかりとなる史料はきわめて少ない。中世の早い時代、すなわち一二世紀頃までは、国王や貴族が教会や修道院へ土地を寄進する際、そこに住む農民もしばしば一緒に寄進されており、この農民たちは領主の人格的支配のもとに置かれたと思われる。自ら土地を所有する自由身分の農民も、少数とはいえ時代を通して存在したが、しだいにいずれかの領主の支配下に入り、その数は減っていった。

　中世の植民活動は、農村風景も一新させた。大規模な開墾によって広大な耕地が切り拓かれただけでなく、開墾を請け負った者に村長の地位が認められるなど、一定の自立性を備えた村落が次々に生まれていったのである。この変化は従来からの農村にも及び、チェコやモラヴィア全域で、一定の自治組織を備えた農村が成立していった。

なお特殊な例として、国境地域において、警備の役目を担う見返りに広範な自治を認められた農民たちがいた。特にドイツのバイエルン地方との境界にあたるホツコ地方の農民は国王直属の地位を認められ、中心地であるドマジュリツェに独自の裁判所を持っていた。

都市の自主的運営

フス派戦争が勃発すると、チェコは事実上、国王不在となったので、諸都市は自主的運営に委ねられた。特にプラハ旧市街は、今や自分たちこそチェコ王冠の守り手であるとの自覚から、政治的に貴族勢力と互角にわたりあう勢いを見せた。軍事的にも市民たちの役割は重要であり、プラハ旧市街を盟主とする穏健フス派の都市同盟、そしてターボルやフラデツ・クラーロヴェーを盟主とする急進フス派の都市同盟は、戦争の帰趨を大きく左右するほどの実力を発揮した。人的・物的被害は計り知れなかったとはいえ、フス派戦争は都市がその潜在的な力を示す機会となったのである。教皇庁は「異端の国」チェコとの通商を周辺諸国に対して禁止し、この経済封鎖は一四九五年まで解かれなかったが、これが厳格に守られることもなかった。特にニュルンベルクの商人たちは半ば公然とチェコ各地と取引して高級織物などを持ち込み、銅やすず、そしてチェコ側の厳しい禁令にもかかわらず銀を購入して持ち出していた。

［上］**都市の裁判集会** 1436年のブルノの法書に描かれた図。フス派戦争以降、チェコやモラヴィアの都市は自治的性格を強め、代表者たちがしばしば集まって管理・運営にあたった。
［下］**都市の参事会**
着席した12名の参事会員と2名の書記のまわりに関係者たちが集まっている。1530年の文書の挿絵。

都市の裁判の風景
チェコ南部の街プラハチツェ市庁舎の正面に描かれたもの（1571年以降）。参事会員たちの前で貧民（左）と富裕な市民（右）が論争している。

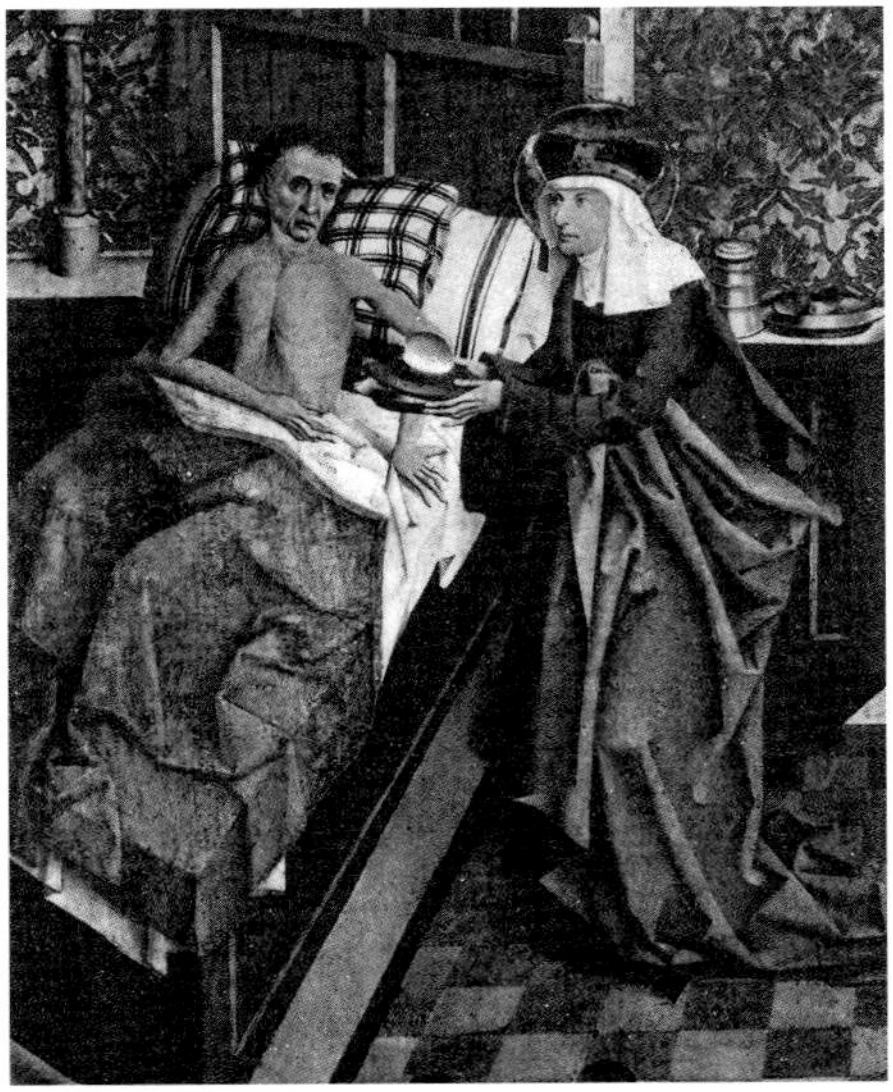

［上］**病人を介護する福者アネシュカ** ニコラウス・プフナーによる祭壇画の一部（1482 年）。当時の施療院の様子がよくわかる。福者アネシュカは 13 世紀のプシェミスル家の王女で 1989 年に列聖されて聖アネシュカとなった。
［下］**職人たちの図** 上から皮革工、刀鍛冶、肉屋。チェスキー・ブロトのグラドゥアーレ（昇階曲）の楽譜に描かれた絵（1552 ～ 70 年）。

しかし一五世紀末にカトリックとウトラキストすなわち穏健フス派との和解が成立し、宗教紛争がひとまず収束すると、貴族層は政治の場から市民を締め出しにかかった。国王都市の住民といえども身分的には国王の従属民であり、貴族と対等の特権身分ではないという論理である。フス派戦争で聖職者が特権身分としての資格を失った後、チェコ王国議会は上級貴族、下級貴族、市民の三身分で構成されていたが、一五〇〇年に成立した「ヴワディスワフの領邦条令」により、市民は都市に直接関連する議案以外では投票権を行使できなくなった。さらにこの頃には貴族が食品産業などに進出し始め、市民がこれを権利侵害として抗議するなど対立が深まっていたことは、第二章で述べたとおりである。

とはいえ、一五世紀から一六世紀にかけては、商工業者たちの組織による自主的な都市運営が最も軌道に乗った時期でもあった。一四世紀に起源をもつチェコやモラヴィアの商人・手工業者の組合すなわちギルドは、この頃に最盛期を迎えた。ギルドは生産量や価格を厳しく規制し、自由な経済活動を妨げたことをよく指摘されるが、当時の都市生活者にとって、ギルドのような団体は、最低限の生活を保障してくれる互助・慈善組織でもあり、市民としての公的な活動の場を提供してくれる機関でもあった。

この当時のチェコやモラヴィアの都市は、なおも大部分が小規模であり、周辺の農村を主な対象とするごく狭い経済圏の中で、日用品や食料品の生産および交換の場として成り立っていた。そうした産業のうちで、やや特殊な地位を占めたのが織物生産である。チェコやモラヴィアで生産される毛織物は比較的安価な点が幸いし、一六世紀には国境を越えてヨーロッパ東部や南東部へも輸出されるようになった。また、チェコ北部のクルコノシェ山地やイゼラ山地では、自然条件を生かした亜麻布生産が盛んになり、その製品はドイツ人の商人に買い取られてネーデルラント方面などへの輸出にも回された。

都市勢力の盛衰

しかし一六世紀後半以降、チェコやモラヴ

貧しい村人の一家 15世紀後半のチェコ語版旧約聖書に描かれた絵。物乞い、あるいは日雇いの仕事を求めてさまよっているところであろう。

ィアの都市をめぐる状況は厳しさを増していく。国王都市を中心に長年にわたって少しずつ築かれてきた自治の体制は、貴族層との提携を基本政策とするハプスブルク家の君主たちのもとで、しだいに切り崩されていった。宗教問題にからむ紛争が起これば、都市は厳重な処罰の対象となった。

そして三十年戦争によって、市民たちの生活基盤は根底から揺さぶられた。戦闘による直接の被害だけでなく、プロテスタント系住民の退去、度重なる疫病の流行、そしてインフラの破壊と経済活動の後退など、都市が被った損害は多方面に及んだ。プラハの旧市街、新市街、小市街、そしてフラチャニ地区を合わせた総人口は、ルドルフ二世の宮廷が置かれた時代には約六万人を数えたといわれるが、戦争終了の時点では約三万五〇〇〇人程度まで激減し、当面の回復は見込めなかった。

国王都市の市民は政治的にもさらに凋落し、フェルディナント二世が定めた「改定領邦条令」により、チェコ王国議会において都市代表は、全体合わせて一票しか投じられないことになった。少なくとも王国の政治という舞台の上では、市民は特権身分としての地位をほぼ失ったのである。

また、チェコやモラヴィアは、ヨーロッパのほぼ中央に位置していながら、東西・南北の主要な交易ルートの上に必ずしも位置していなかったことが、しばしば指摘される。このことに加え、近世以降になってヨーロッパの経済的中心がしだいに大西洋沿岸に移ったことも、そこから遠く離れた内陸部の都市にとっては不利な条件となった。近世のチェコやモラヴィアで、西欧のように豊かで強力な市民階層が十分には成長できなかった背景には、こうしたさまざまな事情がある。

一七世紀後半以降には、むしろ貴族の支配下にある都市の方が好条件に恵まれていた。大規模な所領を築き上げた貴族が、伝統の国王都市に対抗するために、支配下の都市での交易を奨励し、商品の販路拡大などの支援策をとったからである。こうしてそれまではあまり目立たなかった諸都市、たとえばチェコ北部のリベレツや北東部のブロウモフ、東部のリトミシュル、南部のインジフーフ・フラデツなどが、織物産業で急成長をとげた。国王都市の中では、一三世紀に起源をもつ鉱山都市イフラヴァが、長い衰退期の後、産業都市として繁栄を取り戻していた。とはいえいずれも、地方の産業の中心地という域を出なかったことは否定しがたい。近世のチェコやモラヴィアに、新たな時代を切り開きつつ発展していく活気にあふれた都市の姿を求めるのは、やはり少々難しい。

しかし現在残されている都市風景は、必ずしもこうした説明にはそぐわない。たとえば、しばしば「百塔の街」と形容されるプラハ中心部の壮麗な街並みがほぼ完成したのは、一七世紀後半から一八世紀にかけてである。ハプスブルク家が本格的に君主国の集権化に着手し、ウィーンがその首都としての地位を確実にするのはようやく一八世紀半ばの話であり、少なくともそれまでに関していえば、チェコ王国の中心としてのプラハの地位は基本的に変わらなかった。王国の政治をあずかる最上層の貴族たちはプラハ最高城伯を中心に結集し、プラハ城周辺あるいは郊外に、贅を尽くした館を建設した。市内に大規模な教会や修道院施設の建設が相次いだのもこの時期である。

都市の敷地内に教会や貴族の建物が集中するのは、市の財政をあずかる人々にとっては頭の痛い問題であった。教会施設に対して都市当局の管轄権は必ずしも及ばなかったし、貴族もまた、しばしば自分の地所を領邦台帳と呼ばれる国家の登録簿に記載させて、市への納税義務を回避したからである。プラハ旧市街に館を持つ貴族が、その前面に広場を作るために家々の撤去を求め、市当局から拒否された例もある。

しかし他方で、豊かな教会や修道院、そして貴族たちは、日用品や高級品に対する大きな需要を作り出し、都市の商人や生産者たちにとっては重要な顧客であった。それに加えて、活発な建築活動自体が、建築業界やこれに関連する職人たちの仕事を生み出した。外国から招かれた著名な建築家や芸術家が、プラハをはじめチェコやモラヴィア各地を有望な活動の場とみなして、そのまま住民として居ついた例も多い。またプラハの場合、市域がごく狭い空間に限定されていたウィーンやクラクフと異なり、カレル四世時代の大胆な都市計画のおかげで、大規模な建築活動を展開する余裕が市内に十分にあったことも、明らかに有利であった。君主不在の街になってしまったとはいえ、近世のプラハはなおも王国の首都として多くの人々を惹きつけていたのである。司教の宮廷都市というべきオロモウツや、モラヴィアの中心都市ブルノなども、限定的とはいえ、同じような条件に恵まれていた。

それ以外の中小都市の場合には、こうした説明は必ずしもあてはまらないかもしれない。とはいえそうした都市においても、市民の館が整然と並ぶ広場や街路、そして市の自治の象徴である市庁舎など、その姿が最終的に整えられたのはこの時代であった。これらの都市の風景は、ささやかであれ誇りを持った町人の世界が、近世においてもなおそこに息づいていたことを今に伝えているのである。

都市自治の転換期

しかし一八世紀には、伝統の自治都市の体制を最終的に掘り崩す過程が始まっていた。国富の基盤は交易にあると考え、政府主導の

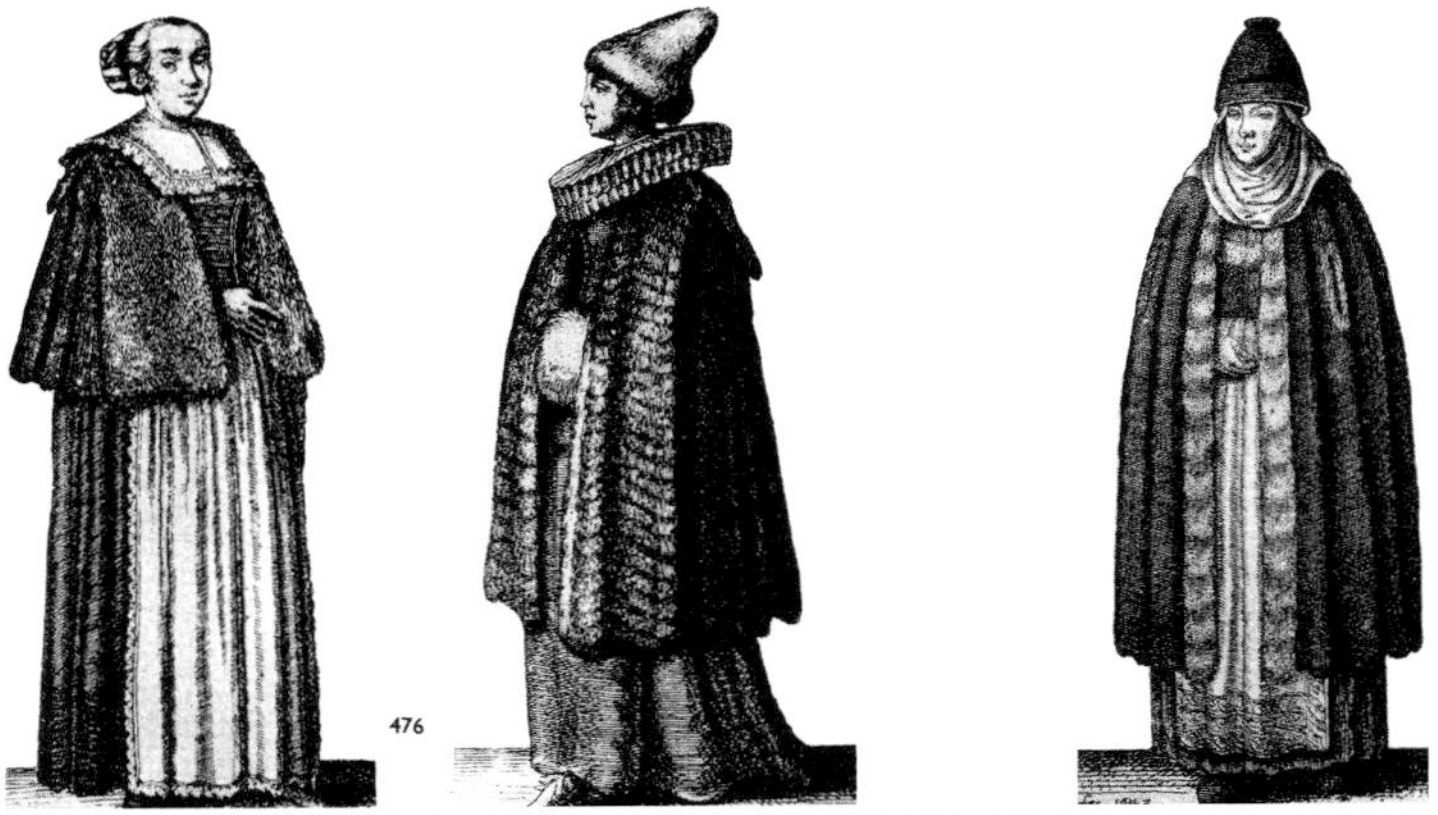

［上］**正装した女性たち** 1627年にチェコからドイツへ亡命した画家ヴァーツラフ・ホラーによる絵。左の2人は裕福なプラハ市民。右は裕福な農民。
［下］**市民たちの舞踏会（1745年）** やや稚拙な表現だが、貴族の恰好をまねてダンスに興じるバロック時代の市民たちの様子がよく伝わってくる。

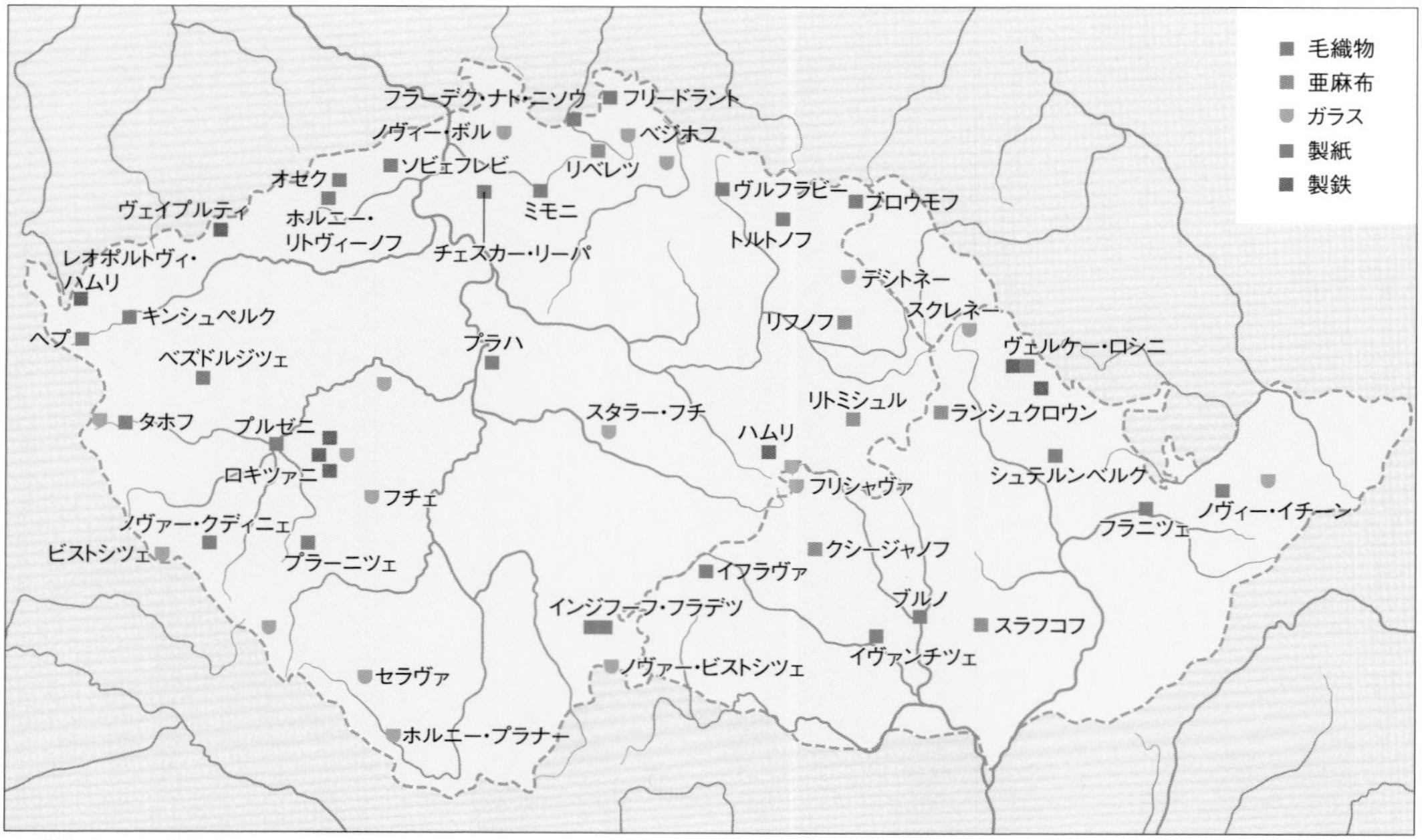

17 世紀末～ 18 世紀初頭チェコおよびモラヴィアの産業

ドイツとの国境地帯を中心とする毛織物のほか、亜麻布、ガラス、紙などの生産拠点が各地に作られていった。

初期の紡績・織物工場

1715年にヴァルトシュテイン伯がチェコ北西部のホルニー・リトヴィーノフに建てたもの。チェコにも工場制生産の時代が訪れつつあった。全体図と紡績の工程を描いたもの。

産業育成を主張するいわゆる重商主義者たちは、ハプスブルク君主国においてもすでに一七世紀後半に登場していたが、そうした政策が本格化するのはマリア・テレジアの治世からである。特にプロイセンとの対立の結果シレジアが失われたことをきっかけに、政府はマニュファクチュアによる産業推進の必要性を痛感し、とりわけチェコには織物業を中心とする大がかりな工業生産の拠点になることが期待された。こうして国家の補助と指導のもとで新たな企業家たちが登場するようになると、中世以来の都市社会で引き継がれてきた伝統的生産体制は、しだいに時代に合わないものになっていった。ギルドは生産活動の単位としては徐々にその意義を失い、市民の社会活動の場としてかろうじて役割を果たしていくこととなった。

　大量生産による毛織物業は特に軍隊での需要を得て躍進し、リベレツ、イフラヴァ、ブルノなどがその中心地として成長した。亜麻布生産の場合、企業家が紡績工や職工に原料を調達し、家内労働の成果に対して報酬が支払われるシステムが主流であった。その他、新たに綿織物業も発達し、プラハ、クトナー・ホラ、インジフーフ・フラデツなどがその中心となった。織物工業の拡大は、付随する産業としての製紙業や化学工業の発展も促した。

　その他、一八世紀末になると主にチェコ西部で陶器生産が盛んになり、ホルニー・スラフコフなどがその中心となった。またプラハ南郊のズブラスラフにはサトウキビを原料とする製糖工場が作られ、これは一九世紀以降、テンサイを原料とする製糖業に引き継がれて、モラヴィア南部のダチツェなどで展開していくことになる。

　一八世紀には、ハプスブルク君主国の体制が安定し、統治機構が整備されるにつれて、都市社会にもその影響がおよび始めた。市参事会員には法学の知識が要求されるようになり、市政を担当する役割は、富裕な商工業者を中心とする伝統的エリートから、大学で勉学を積んだ官僚や、新たに外部から移り住んだ専門的知識人などの手に移っていった。またマリア・テレジア時代の地方行政改革により、チェコは一六、モラヴィアは八の県に編成しなおされ、各市の参事会はその長官の下に置かれた。続くヨーゼフ二世治下の一七八四年には、プラハを構成してきた四つの市街が統合されて単一の市役所のもとに置かれたが、これも伝統的な自治制度を廃止して、新たな時代にふさわしく統一の取れた市の体制を築くためであった。市民が運営する団体として中世に登場し、時代ごとの変遷を乗り越えてきた都市社会は、それまでにない大きな転換期を迎えていたのである。

中近世の農村と農民

　農村の姿についてもたどってみたい。フス派戦争による荒廃と人口減少は、都市だけでなく農村部でも深刻であり、さらに疫病や飢饉が追い打ちをかけた。労働力不足および地代収入の減少に直面した領主は、農民の義務を拡大し、移動の自由を厳しく制限した。すでに見たように、一五世紀末頃から領主たちは、養魚池における淡水漁業や醸造業、そして地域によっては羊毛生産など新たな経営の分野に進出したが、土地を持たずに暮らす奉公人や季節労働者などがこれに動員された。これらの生産活動は領主の独占とみなされ、農民には、領主が生産したビールや蒸留酒などを一定量消費する義務が課せられる場合もあった。こうして、中世後期には自主的に村落を運営していたチェコやモラヴィアの農民は、一五世紀後半から再び領主に対する従属度を強めていった。

　こうした傾向をさらに進めたのが、三十年戦争の災禍と人口減少、およびそれに伴う混乱である。小規模な所領しか持たない下級貴族はしだいに没落し、多くの農村が大領主による支配のもとに組み込まれた。「改定領邦条令」によって政治的・社会的に安定した地位を築いた貴族は、農民を人格的にも支配し、農民は貨幣や現物による税を納めるほかに、決められた日数を領主の直営地における賦役労働に費やさなければならなかった。他の土地への移動や結婚には領主の許可が必要となり、子供を徒弟修業に出したり学校に通わせたりする場合もやはり許可を得なければならなかった。当時のチェコやモラヴィアにおける人口の約九〇パーセントを占めたといわれる農民の大部分は、人格的自由を失い、いわゆる隷農という身分に陥っていったのである。

　しかし農民たちは、必ずしもすべてが領主

村の市場 ノルベルト・グルント（1717〜67）画。簡素な市場だが村人たちにとっては楽しみなひと時であった。

の厳しい支配下に置かれていたわけではない。戦乱などに伴う社会の激変により、農民の間にも大きな格差が生じていた。土地の肥沃さや気候にもよるが、約二〇ヘクタール以上の保有地を持つ農民は、身分的には隷農であっても村落内では一種の富裕層として指導的な立場にあった。その二分の一あるいは四分の一程度の保有地しか持たない農民も、とりあえずその収穫によって生活していくことはできた。富裕な農民であれば、余剰生産物を売却して収益をあげることも可能であった。その一方で、村落の中には、まったく土地を持たず、奉公人として暮らす人々もおり、富裕な農民に代わって賦役労働に従事する場合もあった。また、粉挽きや鍛冶屋は農民の一部ではあったが、自由な職業とみなされた。全体としてチェコやモラヴィアの農村では、必要最小限の範囲で農民が自主的に運営・管理する余地が残されていたことも多く、近世のヨーロッパ東部に広く成立したといわれるいわゆる「再版農奴制」という概念は、必ずしもあてはまらない。

深刻化する農民問題

農民は、領主側の要求を不当とみなした場合には、様々な手段でその非を訴え、これに

［上］**トシェボニ（チェコ南部）のマサリク広場** ルネサンス期およびバロック期の都市景観がよく保たれている。周囲には多数の養魚池があり、チェコ有数の漁業地帯として知られている。
［下］**裕福な市民の家（17 世紀前半）** モラヴィアのロジュノフ・ポト・ラドホシチェムにあるヴァラシスコ博物館の展示。一階部分が居酒屋になっていた。

チェコ中部トシェビースに残る村長の館
村長は領主の命令の下で、村の管理の一切を請け負い、倉庫や家畜小屋を備える大規模な館を構えた。母屋の正面はバロック風。

抵抗した。三十年戦争開始直後の一六二〇年代にチェコの数カ所で生じた叛乱や暴動は、領主による改宗の強制など宗教問題を背景とするものであった。さらに一七世紀後半になると、西欧への穀物輸出の伸び悩みなどを背景に領主が農民支配を強めたため、各地で緊張が高まった。賦役労働の不当な拡大は農民にとって耐えがたいものであり、領主による体罰や、各種の労働の強制も屈辱的と受けとめられたのである。

一六七九年、皇帝レオポルト一世が疫病の流行を逃れるためにプラハへ避難すると、賦役軽減を求めるチェコ各地からの嘆願書がそのもとに殺到した。そして農民たちは、問題が解決するまでは賦役労働を拒否するという戦術をとった。皇帝は調査委員会を組織させたが、翌年三月に出された報告書が、領主側の権利を基本的に認めるものであったため、チェコ西部・北部・東部の広い範囲で農民の武装蜂起が生じた。しかし政府は軍を投入してこれを抑え込み、蜂起はいずれも過酷に鎮圧された。同年六月に皇帝が公布した賦役規制令は、賦役労働の上限を週三日と定めており、収穫期にはこれを上回ることを認めたが、同時に領主に対して、農民にはキリスト教的慈愛をもって接するように指示していた。

その後も、比較的小規模な農民蜂起が各地で繰り返された。一六九二年から九五年にかけてはホツコ地方の農民たちが、かつて国境警備の任務につく代わりに認められていた自由民としての特権の回復を求めて蜂起したが、やはり武力で抑え込まれた。

マリア・テレジアの治世になると、国家は領主と隷農の関係に積極的に介入するべきであるという立場から、少しずつ農民保護の方針が打ち出されていった。しかしなかなか有効な対策がとられずにいたところ、一七七五年に、凶作による生活困窮などを背景に、チェコ北東部を中心として大規模な賦役拒否運動が広がった。蜂起した群衆は大挙してプラハへ向かい、その途上で各地の領主庁役人に、賦役を当面廃止する証文を強要した。この蜂起もまた武力で鎮圧されたが、同年八月にはチェコとモラヴィアを対象に賦役規制令が公布され、賦役に一定の制限が設けられた。

次のヨーゼフ二世はさらに進んで、農民に結婚や移動などの自由を認める勅令を公布した。さらに一七八九年の租税・土地台帳令によって賦役は賃労働に変更され、農民の負担は土地の生産額の三〇パーセントを超えてはならないことになった。この勅令は、ヨーゼフの死後、領主側の激しい反対によって撤回された。とはいえ急激な社会の変化の中で、人口の圧倒的多数を占める農民をどのように位置づけるか、根底からの見直しはすでに不可欠であり、重要な課題として次の時代に引き継がれていくのである。

第5章

中・近世のスロヴァキア

「スロヴァキア」成立以前

見渡す限り広がるハンガリー平原の北から東にかけて、カルパティア山脈が大きく弧を描いている。スロヴァキアはこの山脈の最も西側に位置し、東西に細長い国土の中央には高タトリ、低タトリ、ファトラなどの山脈や山塊がひしめきあう。それらの山中に発するヴァーフ、フロン、ホルナートなどの河川は、いくつもの渓谷や盆地を形成しながらハンガリー平原へと流れ下っていく。国境に近い下流域には広大な平野が開けている。チェコやモラヴィアとは対照的に、中央に山岳がそびえるスロヴァキアでは、山々によって隔てられた地域ごとに、独特な文化や社会生活が長年にわたって営まれてきた。

この領域が一つのまとまった地域として認識され、スロヴァキアと呼ばれるようになったのは近世以降である。政治的区分としては、一九一八年にチェコスロヴァキアという独立国が誕生するまでの約九〇〇年間、この地域はハンガリー王国の一部であり、河川の上流域という意味で「上部ハンガリー」というごく漠然とした名称が与えられていたにすぎない。なので本来ならば、スロヴァキアの歴史を中世までさかのぼることはできない。ここでは、ハンガリー全体の展開を見据えながら、後にスロヴァキアが成立するのはどのような地域であったのかをたどってみることになる。

また、この地域の住民で多数を占めたのはスラヴ系であり、この人々を現在のスロヴァキア人の祖先とみなすことはできる。しかしこれから見ていくように、この地域では古くから人間集団が頻繁に行き来した結果、多様な住民構成になっていたことに注目する必要がある。

これに関連して、歴史上の固有名詞をどのように表記するべきかという問題もある。スロヴァキアの都市や地域には、現在用いられるスロヴァキア語の名称以外に、ハンガリー語や、さらにはドイツ語の名称も存在する場合がある。たとえば首都のブラチスラヴァは、ハンガリー語ではポジョニ、ドイツ語ではプレスブルクと呼ばれていた。東部の主要都市コシツェは、カッシャおよびカシャウとなる。しかしこれらを場合ごとに使い分けるならば相当にわかりにくい叙述になってしまうので、現在スロヴァキア領にある地名に関してはスロヴァキア語による名称に統一したい。同様に、古い時代には存在しなかったスロヴァキアという全体名称も、わかりやすさを優先させるため、用いる場合がある。

また、国の名称としては「ハンガリー王国」を用いるが、ハンガリー語を用いる民族集団は原則として「マジャール人」と呼ぶことにする。さらに、この地域の歴史には、スラヴ系かマジャール系か、あるいはドイツ系か判別しがたい人物も登場する。どうみなすかによって呼び方も異なるのだが、これらについては、慣習的に最もよく用いられる名称で呼ぶことにする。ハンガリー語の人名の場合、これも習慣に従い、家や氏族の名称が先に、個人名が後になっている。

アールパード朝ハンガリー

チェコやモラヴィアと同じく、ハンガリー盆地とその周辺部も、六〜七世紀以降、スラヴ系の人々の住みかになっていた。九世紀に、その一部はモラヴィア国に組み込まれたが、東方から移動してきた半遊牧民のマジャール人が一〇世紀末にハンガリー王国を建国する

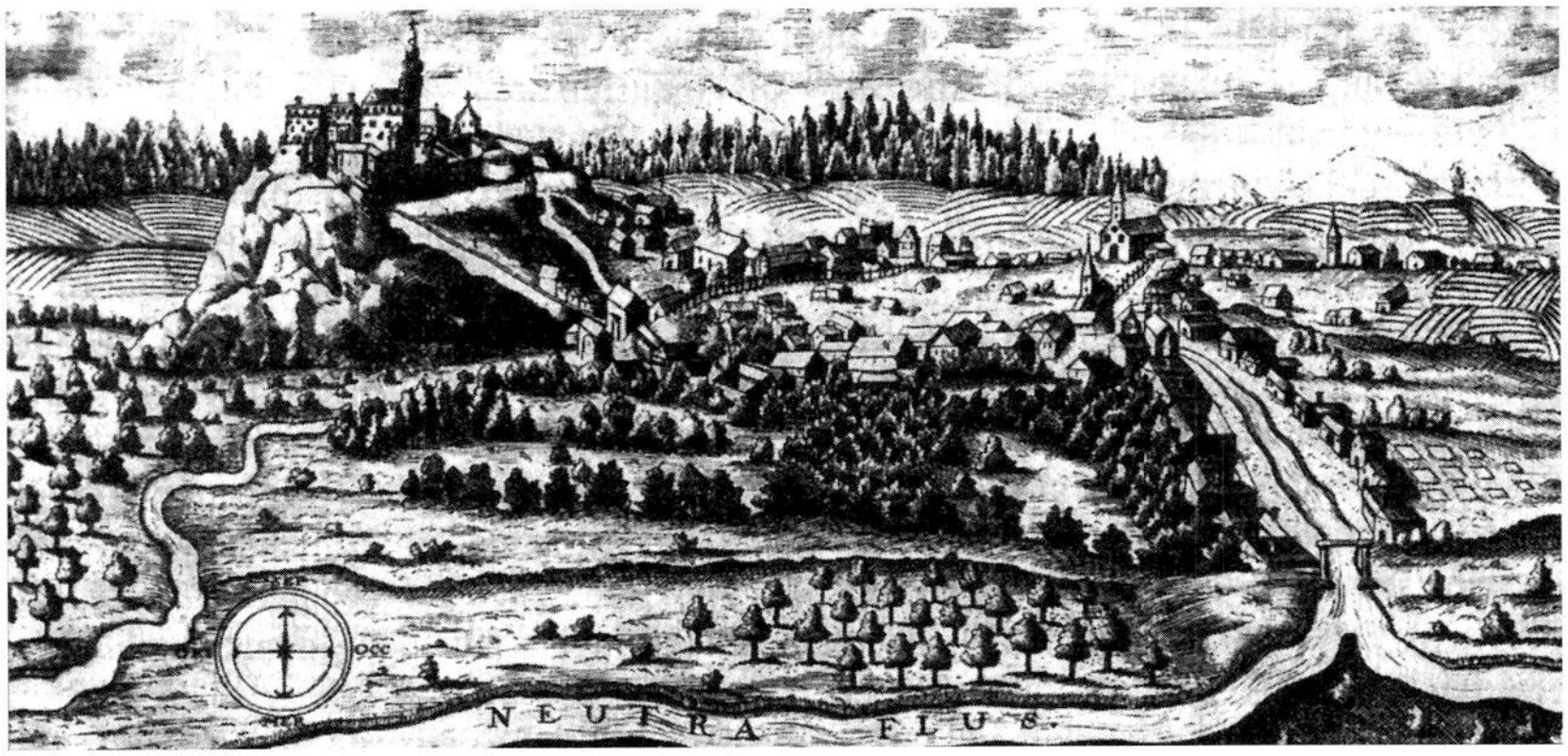

ニトラ どこまでも続く平原を見下ろす丘に建つ城は、この地方の統治の重要な拠点。数々の戦乱にも見舞われてきた。17 世紀の図。

と、多数のスラヴ人がその支配下に入った。この時、スラヴ人がマジャール人によって一方的に征服され、支配されたのかどうかは不明である。基本的にはマジャール人が征服者であったにしても、先住スラヴ人の一部もハンガリーの新たな社会の建設に関わっていた可能性は高い。ハンガリー語にスラヴ語からの借用語が多いことも、スラヴ人側からの一定の影響があったことを示唆する。そしてマジャール人は主に盆地の平坦な土地に住み、山間部まではあまり進出しなかったらしい。なお、ハンガリー王国が成立したことにより、王国北部のスラヴ人は国境によってポーランドやモラヴィアと隔てられたが、そのことが結果として後にスロヴァキア人という新たな民族を成立させたことになる。

建国当初のハンガリーにはいくつかの分国が存在し、支配者であるアールパード朝のメンバーが統治していたが、一二世紀初頭まで、スロヴァキア南西部のニトラにもそうした分国があった。ニトラ城はヴァーフ川下流の平原を見渡す絶好の場所にあり、モラヴィア国時代にも重要な役割を果たしていたことから、この分国はモラヴィア国の制度を継承したものではないかとする見方もあるが、確証はない。

一〇〇〇年にハンガリー初代の王となったイシュトヴァーン一世は、ローマ・カトリックを受容して教会組織を整備し、国内に一〇の司教区を創設した。今日ではドナウ川を隔ててスロヴァキアと向かい合うエステルゴムの大司教座がその総本山にあたる。その創設の功労者の一人で、大司教にもなったアナスタシウスは、プラハ司教アダルベルトとともにローマ・カトリックの普及に長年尽力した人物である。

建国以来、長い時間をかけて強力な貴族層が成長した点において、ハンガリーとチェコは基本的に似かよっている。一三世紀に入る頃には、ハンガリー貴族たちは国王の領地や城などを支配下におさめて強力な地位を手にした。国王アンドラーシュ二世は、一二二二年の「金印勅書」で、こうした貴族の権利を大幅に認めた。

こうした変動の中にあったハンガリー社会に大きな衝撃を与えたのが、モンゴル軍の襲来である。一二四一年に北部の国境を越えてハンガリーに入ったモンゴル軍は、国王ベーラ四世を追撃してアドリア海方面まで向かった後、東へ引き返していったが、当時の記録はその破壊行為のすさまじさを伝えている。その後を深刻な飢饉が襲ったためにさらに多くの人々が犠牲になり、ハンガリーの社会が立ちなおるには数十年を要したといわれる。現在、スロヴァキア各地で、眺めのよい丘の上や河川を見下ろす高台に、石造の城塞やその廃墟が見られるが、その多くは、この時の経験に学んで王や貴族が従来の城を改築し、あるいは新たに建てたものといわれている。

めぐるハンガリー王位

アールパード家は、貴族との抗争に明け暮れたあげく、一三〇一年に断絶した。数年間の混乱を経て、女系でつながるナポリの君主、

11 世紀頃のハンガリー王国
2つの大司教座（エステルゴムおよびカロチャ）を中心に、周辺の山岳地帯を含む広大な領土を築き上げた。北部の山間部に住むスラヴ系住民が、のちのスロヴァキア人の祖先とされる。

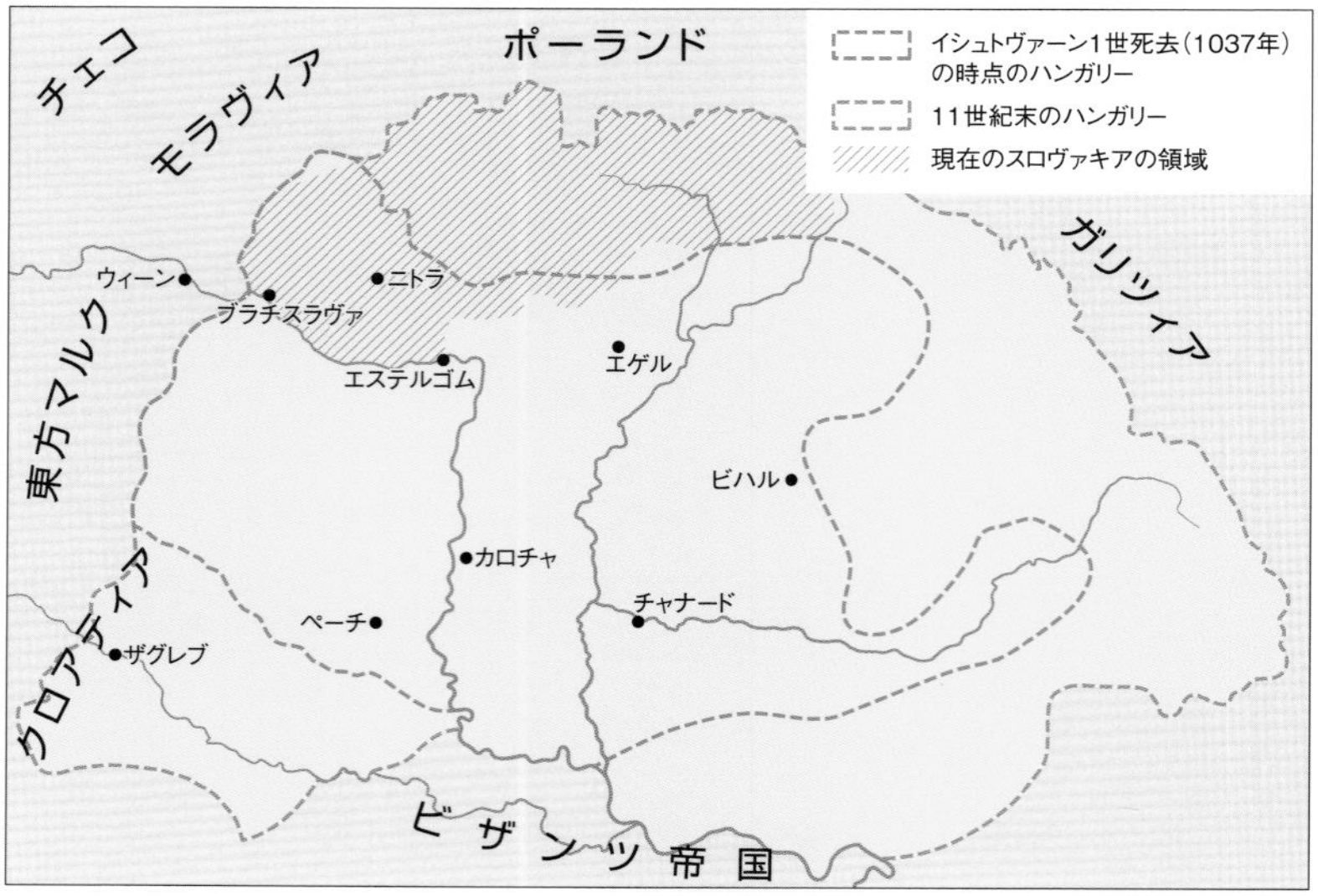

［右］**スロヴァキア中部の風景** スロヴァキア独特の風土や文化は、変化にとんだ山岳地帯で育まれてきた。背景の山々は低タトリ山地。
［左］**スピシュ城** ハンガリー王国の北辺スピシュ地方防衛の拠点として建てられ、13世紀のモンゴル人の攻撃にも耐えた。ヤン・イスクラもここを居城の一つとした。1780年の火災により完全な廃墟となった。

アンジュー家のシャルル・ロベールが一三〇八年に王位に就いたが、この時、ドナウ川右岸の大貴族チャーク家のマトゥーシが、新国王を支持する見返りに王領地管理官という高位の官職に就き、絶大な権力を手に入れた。彼はヴァーフ川左岸のトレンチーン城を拠点にして、一三二一年に死去するまで上部ハンガリーの大半を支配したため、あたかもスロヴァキアに独立政権が誕生したかのような状態になった。しかし彼自身はマジャール人であり、その支配下でスロヴァキア人の民族意識が芽生えた形跡も特にない。

　シャルル・ロベールおよびその子ラヨシュ一世の二代にわたるアンジュー家の支配は、ハンガリーに相対的な安定と繁栄をもたらしたといわれるが、それを支えたのが、クレムニツァ、バンスカー・シチアウニツァ、バンスカー・ビストリツァなどスロヴァキア山間部における金銀採掘であった。クレムニツァで一三三五年から発行された金貨クレムニツア・ドゥカートはヨーロッパで広く価値を認められた。そして経済の活性化により、これら鉱山都市以外にも、スロヴァキア西部のブラチスラヴァ、トルナヴァ、東部のコシツェ、プレショウ、バルジェヨウなど街道沿いの交易地が都市に発展していった。上部ハンガリーは、ハンガリー王国で最も都市化が進んだ地域でもあったのである。

　ラヨシュ一世が男子の子孫を残さずに一三

［右］**トレンチーン**　ヴァーフ川の渓谷を見下ろす丘の上にハンガリー王が要塞を建設したのが始まり。1663年にはオスマン帝国軍が市街地を占領したが、城を攻め落とすことはできなかった。
［左］**ラヨシュ1世**（**1326～82**）姻戚関係をもとにナポリ王国征服を試み、さらにヴェネツィア共和国とも戦い、バルカン方面へも遠征するなど、果敢に領土拡張をめざした。

13～14世紀の上部ハンガリー
渓谷に沿った拠点に多くの城が築かれ、これを中心に集落が発達していった。

八二年に死去した後、王位争奪戦を勝ち抜いたのは、チェコ王カレル四世の子でラヨシュの娘婿のジグモンド、すなわち後の神聖ローマ皇帝ジギスムントであった。初めのうちは貴族たちの執拗な抵抗に悩まされ、しかも一三九六年に現ブルガリアのニコポリスでオスマン帝国軍に大敗するという災難続きであったが、しだいにその地位は安定し、一四一〇年には選挙侯によってドイツ王に選ばれた。そしてコンスタンツ公会議を開催し、教皇庁の分裂には終止符を打つことができたが、フスの処遇をめぐってその支持者たちを敵に回すことになった。兄ヴァーツラフのあとを継いでチェコ王位を獲得すべく一四二〇年に軍を率いてプラハへ向かったが、フス派によってあえなく撃退されたのは第二章で見たとおりである。逆に一四二〇年代末から三〇年代初めにかけて、フス派の遠征軍が何回か上部ハンガリーに入った。ただしフス派が掲げた教会改革の主張は、ここでは積極的には受け入れられなかったらしい。

ジグモンドの後を継いだハプスブルク家のアルブレヒト二世がハンガリー王在位わずか二年で一四三九年に没すると、ヤゲウォ家のウラースロー（スロヴァキア語でヴラジスラウ）に王位が委ねられた。しかし彼が一四四四年にオスマン帝国軍との戦いで敗死したため、翌年、アルブレヒトの遺子ラースロー（スロヴァキア語でラジスラウ）が即位した。

この時、ハンガリー議会が幼少の王を補佐するために選んだ七名の軍司令官の中に、チェコ出身のヤン・イスクラがいた。その素性はあまり明らかではないが、フス派戦争終結後、仕事にあぶれた傭兵たちを率いてハンガリー王ジグモンドに仕えていた人物である。主に上部ハンガリーを勢力圏としたイスクラは、新たに摂政に任命されたハンガリー東部の大貴族フニャディ・ヤーノシュや、その息子で一四五八年にハンガリー王となるマーチヤーシュとしばしば対立しつつ、六二年に王国東部へ移るまでの約二〇年間、ほぼ今日のスロヴァキアを支配した。

イスクラ自身はカトリックであったが、彼とともに上部ハンガリーにとどまり、同胞団と呼ばれたその傭兵軍の中には、フス派の残党も多かった。また、ハンガリーでは伝統的にラテン語が公用語として用いられていたが、イスクラが支配した時代のスロヴァキアでは、宗教関係の文書などを通じて、スラヴ系の人々にとってずっと理解しやすいチェコ語の文章語が少しずつ広まり始めた。それは公式文書や貴族たちの書簡にも一部とり入れられ、そこにはすでに「スロヴァキア語的」表現もみられる。

マーチャーシュの治世

チェコのイジーと同じように、貴族の中から議会によって王に選ばれたマーチャーシュは、カラス（ラテン語でコルウィヌス）の紋章を用いたことからマーチャーシュ・コルヴィーンと呼ばれる。彼はチェコ王と争ってモラヴィアなどを支配下に収め、さらにはドイツ王位をめざすなど、主に西側に向けて果敢な勢力拡大を試みた。国内においては、下級貴族や都市民の支持を基盤に、中世ハンガリー王権の最盛期を築いた人物とされている。ブダ、すなわち今日のブダペシュトのうちドナウ川右岸の地区にあったその王宮には、ハンガリーだけでなく近隣諸国からも貴族や文化人が集まった。そして王宮内には、二〇〇〇冊以上の写本を擁するコルヴィナ文庫と呼ばれる図書館があり、教養を重んじるルネサンス期の君主らしい威光をこの王に添えていた。

このマーチャーシュの治世下の一四六五年に、文化人たちのパトロンとしても知られたエステルゴム大司教ヴィテーズ・ヤーノシュの尽力により、アカデミア・イストロポリターナと呼ばれる大学がブラチスラヴァに創られた。これは、プラハ大学がフス派によって支配されていることへの対抗措置であり、また一四五三年にオスマン帝国によって滅ぼされたビザンツ帝国の学者たちを受け入れる場としての意味もあった。ただし、しっかりした財政基盤を欠いていたためか、この大学は創設後二〇年と経たないうちに消滅してしまい、ハンガリーで新たに大学が創られるのは一七世紀以降のこととなる。それまでの間、学問を志す人たちは外国の大学をめざした。上部ハンガリーの人たちにとっては、プラハ、ウィーン、クラクフなどが主な留学先であり、後に宗教改革の影響がおよんでからはヴィッテンベルクも重要になった。

王権の強化に不安を抱いていたハンガリー貴族たちは、一四九〇年にマーチャーシュがウィーンで没すると、その子孫ではなく、ヤゲウォ家のチェコ王ヴワディスワフを王に迎えた。ハンガリー語ではウラースロー二世と呼ばれる。短期間だが、リトアニア、ポーランド、チェコ、ハンガリーの四カ国におよぶ広大な領域を、ヤゲウォ家の王たちが統治したわけである。しかしハンガリーにおけるヤゲウォ朝期、すなわちウラースローおよびその子ラヨシュ二世（チェコ王ルドヴィーク）の治世は、貴族が食糧生産拡大をめざして農民支配を強化した時代でもあった。これに対する農民の不満は、一五一四年にドージャの叛乱という形で一気に爆発し、農民軍と大貴族軍の戦闘へと拡大した。この事件は上部ハンガリーには一部およんだだけであったが、その鎮圧後に作成され、貴族の支配権を確定させた「三部法書」は、ハンガリー王国全土を対象とする事実上の基本法典となった。

この事件の記憶もまだ新しい一五二六年、二〇歳のラヨシュ二世は、貴族たちの十分な支援が得られないままモハーチでオスマン帝国軍に立ち向かったが大敗し、退却する途中で落命した。これがその後のハンガリーを揺さぶる大動乱の幕開けとなる。

多彩な住民構成

中世のハンガリー王国は、今日のスロヴァキア以外にも、現ルーマニア領のトランシルヴァニア地方や、現セルビア領のヴォイヴォディナ地方を含む広大な領域を占めていた。一二世紀初めにはクロアティア王国との同君連合が成立し、その支配領域はアドリア海沿

マーチャーシュ・コルヴィーン（1443〜90）トランシルヴァニア（現ルーマニア）のクルージュ・ナポカ生まれ。父はオスマン帝国との戦いで勇名をはせた貴族。ハプスブルク家やヤゲウォ家に対抗し、王権強化に努めた。

岸にまで到達した。この広い国土は数十の県に分けられ、王が任命した県令が置かれていたが、各地で貴族勢力が成長するに従い、中世の終わりになる頃には、県は彼らの勢力基盤へと変化していった。中世の県はスラヴ語ではジュパと呼ばれたが、上部ハンガリーに存在したジュパの各名称には、現在のスロヴァキアの地方名に引き継がれているものも多い。

　このように、中世から王国支配の手段として地方統治制度が整備されたハンガリーであったが、領土の広大さ、そして古くから多くの人々が行き来する場所を占めていたことを反映して、その住民構成は非常に多彩であった。山がちで地形が複雑な上部ハンガリーにも、この点はよくあてはまる。

　すでに触れたように、上部ハンガリーの山間部ではスラヴ人、平野部ではマジャール人が多数を占めていたが、高タトリの険しい山々を西に望むスピシュ地方には、一三世紀初め頃からドイツ人の入植地があった。さらにベーラ四世らの国王は、モンゴル軍の襲来の後、国土復興事業の一環としてドイツ人を中心に多くの植民者を呼び寄せ、特権を与えて保護したので、上部ハンガリーの各地に多数の都市が発達し、それらは今日でも地方中核都市となっている。スピシュ地方のレヴォチャやシャリシュ地方のバルジェヨウに見られる整然とした街並みや、裕福な市民の館、そして一四世紀から一六世紀初頭にかけてゴシック様式で建てられたコシツェの聖アルジュビェタ大聖堂などは、中世スロヴァキア都

［上］**ブダ** 現在のハンガリーの首都ブダペシュトの一部。ドナウ川右岸の丘の上に建てられた城と市街地の名称。マーチャーシュやヤゲウォ家の王たちが居城とした。1872年に左岸のペシュト地区と統合された。
［下］**モハーチの戦い** バルカン半島を平定し、ヨーロッパ中央部まで進出を試みるスルタン、スレイマン１世の前に、準備の整わないラヨシュの軍は総崩れとなった。オスマン帝国側で描かれた図。

［上］**コシツェの聖アルジュビェタ大聖堂** 名称は13世紀ハンガリーの聖人エルジェーベト（エリーザベト）にちなむ。ヨーロッパで最も東にあるゴシック様式の大聖堂としても知られる。

［下］**レヴォチャの市庁舎** ドイツ系移民の多いスピシュ地方の中心として成立した街。市庁舎は15世紀末に建てられ、17世紀に改築された。左手奥の聖ヤクプ教会の中に、名匠パヴォルの手になる壮麗な祭壇彫刻がある。

バルジェヨウ ハンガリーからポーランドへ、カルパティア山脈を越える街道筋に位置する。1376年に国王都市に昇格。中世からルネサンス期にかけての街並みが見事に保存されている。市の立つ日は今でも大勢の人で賑わう。

聖ヤクプ教会の祭壇彫刻（一部） 最後の晩餐の場面。作者レヴォチャのパヴォルについて詳しいことはわかっていない。南ドイツのマイスターたちの技術を身につけた後、16世紀初めにレヴォチャに移り住んで活動したと思われる。

市民の実力のほどを今に伝えている。一六世紀前半の名匠パヴォルの手になるレヴォチャの聖ヤクプ教会の祭壇彫刻は、この時代にヨーロッパ各地で作られた木彫の最高傑作に数えられる。

上部ハンガリーの中世都市の多くが植民活動によって成立したという事情を考えれば、当初はドイツ系住民の割合が高かったのは当然であるが、時代が下るにつれて、スラヴ系の市民も少しずつ増えていったらしい。一三八一年にラヨシュ一世は、中部の都市ジリナに対して、市参事会ではドイツ系とスラヴ系が同数を占めるように指示する文書を発行している。

なお、ハンガリー王たちに巨大な富をもたらしたスロヴァキアにおける金銀の採掘は、一五〇〇年前後に陰りを見せ始めたが、逆にこの頃からは銅の採掘が盛んになった。一四九五年には貴族企業家ともいうべきヤーン・トゥルゾとアウクスブルクの商人ヤコプ・フッガーが、バンスカー・ビストリツァを拠点に共同で商会を設立し、ヴロツワフ、グダニスク、アントウェルペン、ニュルンベルク、ヴェネツィアなどの支店を通じて、スロヴァキアの銀と銅を広く国際的に流通させた。

ブラチスラヴァ、コマールノ、エステルゴムなど、ドナウ川沿いの主要都市には一一世紀からユダヤ人の姿も見られ、時代とともに他の都市にも拡大していった。厳重に周囲から区別された居住地に住み、商取引や金融業を主な生業としていたことは他の地域と変わらない。彼らの追放を求める声もしだいに強くなったが、その数が減ることはなく、逆に中世から近世にかけてのハンガリーは、ヨーロッパ各地からユダヤ人が少しでも安全な居場所を求めて集まる国となった。ペシュト（ブダペシュトのうち、ドナウ川左岸の市街）などと並んで、近世のブラチスラヴァはユダヤ人の文化活動の主要拠点の一つであった。現在、ブラチスラヴァ旧市街西側の城壁と城の間を幅広い自動車道が通り抜けているが、この近辺がかつてのユダヤ人街であったことは、もはや誰にも想像できないかもしれない。

[上] プレショウのシナゴーグ　1897年から98年にかけて市街地のはずれに建てられた。内部は大規模な木造ホールになっており、壁や天井一面に豪華な装飾が施されている。
[下] ニトラのシナゴーグ　ハンガリーのユダヤ系建築家バウムホルン・リポートによって建てられたビザンツ式・ムーア式のシナゴーグ。1911年完成。現在はコンサートや展覧会などに利用されている。

　一四世紀には、東部のスピシュ地方やゼンプリーン地方にロマと思われる人たちについての記録が登場する。一五世紀にその数はさらに増え、ブダなどハンガリー中央部から上部ハンガリー各地へ、さらにはモラヴィアやチェコなどへも移動していった。差別され迫害されつつも、ロマたちは都市や農村の住民として日常的な存在となった。特にロマの金属加工技術は重宝され、近世以降、ハンガリーが大規模な分裂抗争に陥るたびに、彼らの作る武器が各勢力によって利用された。

　このほか広く東欧一帯の山間部には、中世半ば以降、ヴラフ人と呼ばれ、主に牧羊で生計を立てる人たちが現れる。バルカン半島の山地に住み、ラテン語に近い言語を話していた人たちがそのルーツであるともいわれるが、実際にヴラフ人と呼ばれた人たちの中には、スラヴ系も含めて様々な出自の人たちが混在しており、特定の民族集団に起源を求めることはできない。中世後期にはカルパティア山脈のほぼ全域に広がり、モラヴィアの山間部にもその姿が見られた。

　上部ハンガリーには一四世紀頃からヴラフ人が住んでいたと考えられ、彼らによって、農耕には不適な高所の草地も人間のために利用されるようになった。農民たちと相互依存の関係にあったヴラフ人たちはやがて地域社会に溶け込み、人里離れた山上の草原で羊の群れとともに暮らす孤独な牧人の姿は、いつの間にかスロヴァキアの人々が自分の国を思い描く風景に欠かせない一要素となった。イエス生誕の場面にしばしば描かれるように、羊飼いの姿は素朴な信仰心を持つ民衆にもなじみやすかったし、牧羊の普及がスロヴァキアの食生活に与えた影響も大きかった。

　このようにして上部ハンガリーには、中世全体を通じて、独特の社会や文化が少しずつ形成されていった。続く近世に入って、この地域は極めて重要な歴史的役割を演じることになる。

第6章

ハンガリー三分割時代からハプスブルク家の統治へ

ハンガリー三分割
ブラチスラヴァやトルナヴァが、ハプスブルク家によるハンガリー支配の拠点。トランシルヴァニアはハプスブルク家に対抗するプロテスタント貴族を中心に、事実上の独立国となった。

住民の大移動と宗教改革の影響

一五二六年に、モハーチの戦いの結果としてヤゲウォ家によるハンガリー統治はまたもや短命に終わった。その後、トランシルヴァニア出身の大貴族サポヤイ・ヤーノシュとハプスブルク家のフェルディナントが東西に並び立ち、ハンガリー王位を争う事態となった。そしてこれに一五四一年からオスマン帝国が軍事介入し、ブダやエステルゴムを含むハンガリー中央部はその支配下に置かれた。フェルディナントは一五四七年の協定により、オスマン帝国がそれまでに占領した地域を引き続き支配すること、そしてスルタンに毎年貢納を支払うことを容認した。こうしてハンガリーは、ハプスブルク家の支配領域、オスマン帝国の支配領域、そしてオスマン帝国の宗主権下にあるトランシルヴァニア公国の三つに分裂することになった。

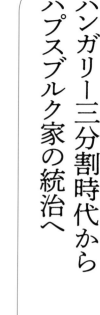

王国北部から西部にかけて延びるハプスブルク領は王領ハンガリーと呼ばれ、今日のスロヴァキアの大半を含んでいた。そしてブラチスラヴァの聖マルティン教会は、ハプスブルク家のハンガリー王たちが、エステルゴムから移転してきた大司教の手によって戴冠する場となった。

オスマン帝国の支配領域は、今日のスロヴァキア南部にも一部およんでおり、この付近では一進一退の領土争奪戦が繰り返されて、住民に大きな被害を与えた。ドナウ川から北へ二〇キロメートルほど隔たった場所にハプスブルク家が新たに築いたノヴェー・ザームキは、最新式の防備を施した典型的な要塞都市であり、一六六三年に最終的にオスマン帝国の手におちるまで一〇〇年以上持ちこたえた。

こうした変動に伴い、ハンガリー王国全域におよぶ大規模な住民移動が起こった。オスマン帝国領となった地域からは、多くのマジャール人貴族や市民が王領ハンガリーをめざして北へ移動した。その結果スラヴ系住民の一部はさらに奥深い山間部へ移動し、森林を切り拓いて新たな居住地を造った。上部ハンガリー各地の都市では中世以来すでにドイツ語とスラヴ語が併用されてきたが、いくつかの都市ではこれにハンガリー語が加わることになった。

またこの時代には、オスマン帝国領となったクロアティアから数千人の農民が今日のスロヴァキア西部に移動し、領主の支配のもとでブドウ栽培などによって生計を立てていたことが知られている。

こうして近世のハンガリーは大きな変動と混乱の時代を迎えたが、そこにはさらにキリスト教世界の分裂に伴う宗教紛争が重なっていた。すでに一六世紀半ばからマジャール人貴族の間ではカルヴァン派をはじめプロテスタントが大きな勢力となっており、彼らは宗教的寛容を主張してハプスブルク家のカトリック化政策に対抗した。彼らにとって、信仰の自由を守ることと自分たちの特権を守ることとは不可分に結びついていたのである。自治を重んじる貴族たちにとって、長老たちの指導する団体によって運営されるカルヴァン派の教会は受け入れやすいものであった。トランシルヴァニア公国は、ハプスブルク家の宗教政策に反発する貴族が集まる国となり、反三位一体派のような急進的プロテスタントまで公認されるなど、徹底した宗教的寛容が実現したことで知られている。

上部ハンガリーもまた宗教改革の強い影響を受けたが、ここでは都市部のドイツ人を中心にルター派が広まり、カルヴァン派は主にマジャール人貴族の間で支持されていた。一七世紀初頭には、プロテスタントでありながら副王の地位に就いたユライ・トゥルゾの指導で、プロテスタント教会の組織が整えられた。プロテスタント系の知識人たちは、『クラリツェの聖書』などチェコ語の文献を積極的に取り入れ、ラテン語と並ぶ文章語としてチェコ語を広めるのに貢献したといわれる。また、一六二〇年以降はチェコから多くのプ

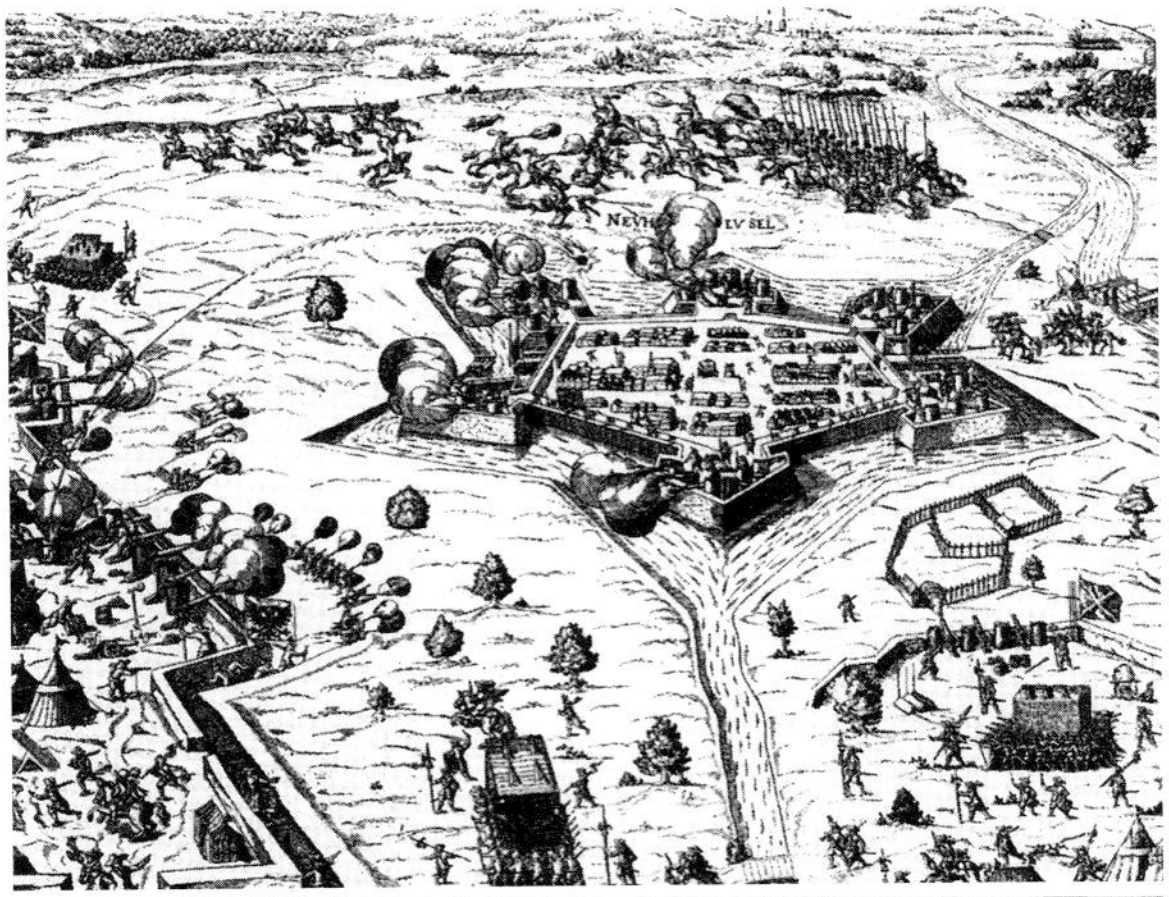

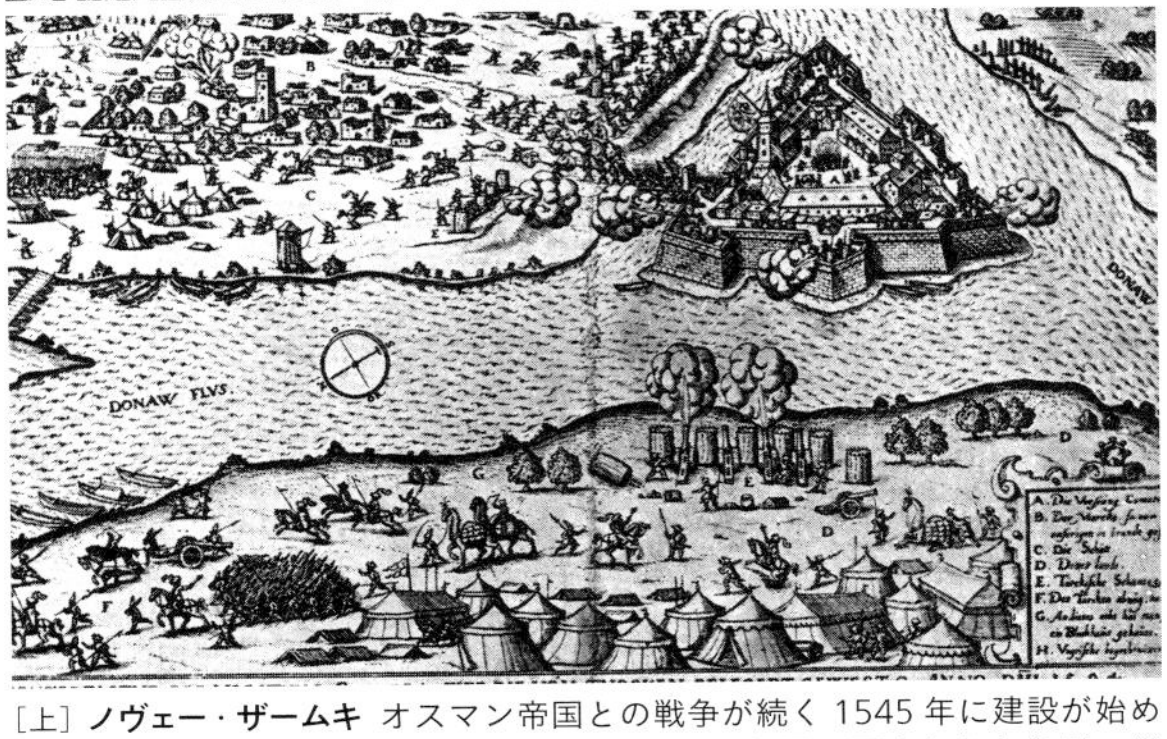

［上］**ノヴェー・ザームキ** オスマン帝国との戦争が続く1545年に建設が始められた典型的な要塞都市。碁盤目状の街路や、堡塁に囲まれた六角形の幾何学的構造は今でも明瞭に残されている。
［下］**コマールノを攻撃するオスマン帝国軍**（**1594年**）ドナウ川とヴァーフ川の合流点にあり、古くからの交通の要衝。ハンガリー語ではコマーロム。16～17世紀に頑丈な防壁が建設された。

ロテスタント系知識人が、避難所を求めてハンガリーに移り住んだ。南モラヴィア出身で神学者および教育学者として国際的な名声を博したヤン・アーモス・コメンスキー（コメニウス）も、一六五〇年代に一時期ハンガリーに滞在している。

他方、対抗宗教改革の陣営にも、一六一一六年にエステルゴム大司教となるパーズマーニ・ペーテルという強力な推進者が現れた。

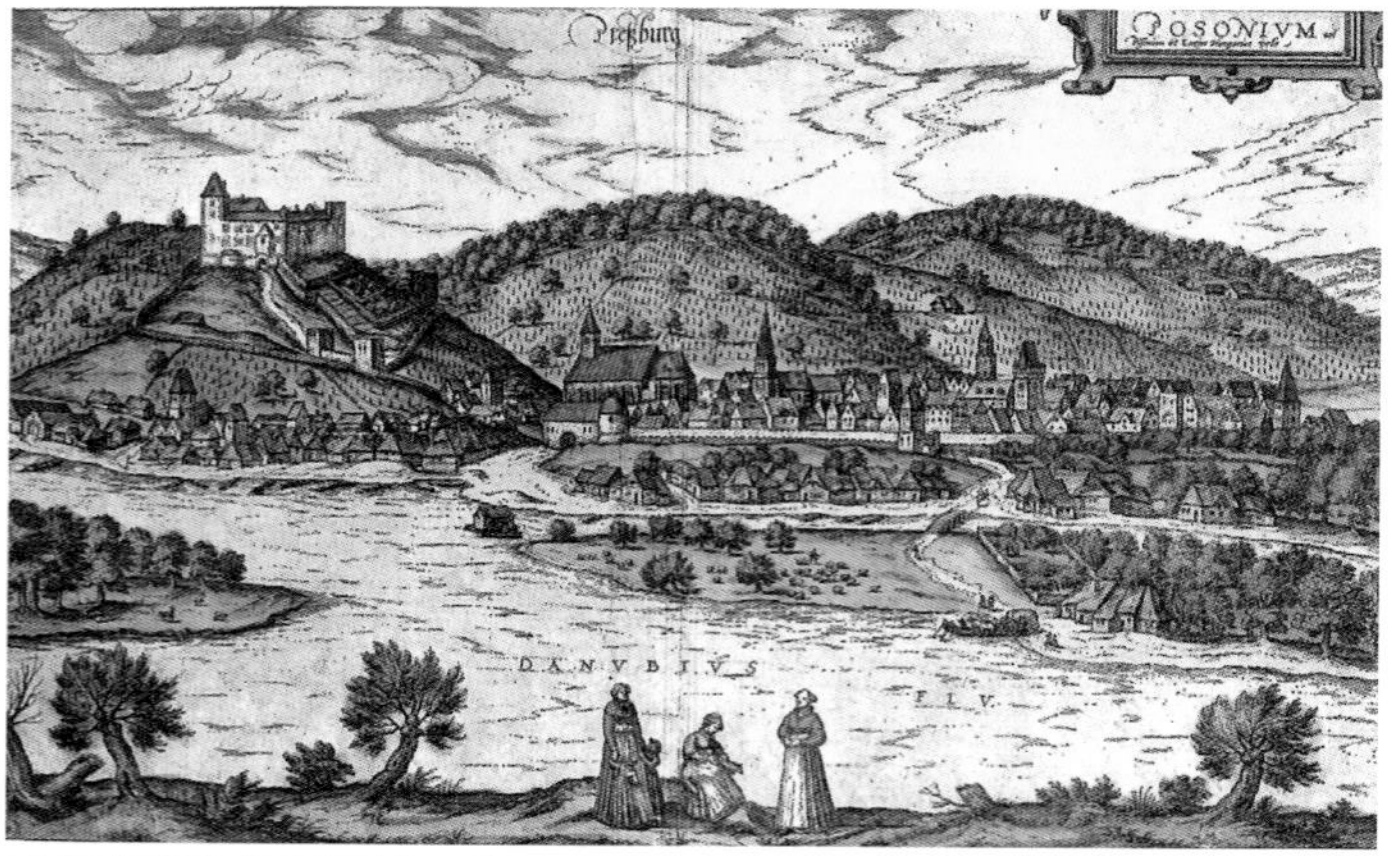

16 世紀後半のブラチスラヴァ 丘の上にはモラヴィア国時代から要塞があったらしい。城の下の市街地は 1291 年に国王自由都市の地位を獲得した。背後にある小カルパティ山地の斜面は、今ではブドウ栽培で有名。

パーズマーニ・ペーテル（**1570 ～ 1637**）現ルーマニア領のオラデア生まれ。イエズス会に入り、各地の教会で要職を務めた後、エステルゴム大司教としてハンガリーの対抗宗教改革の推進に貢献した。

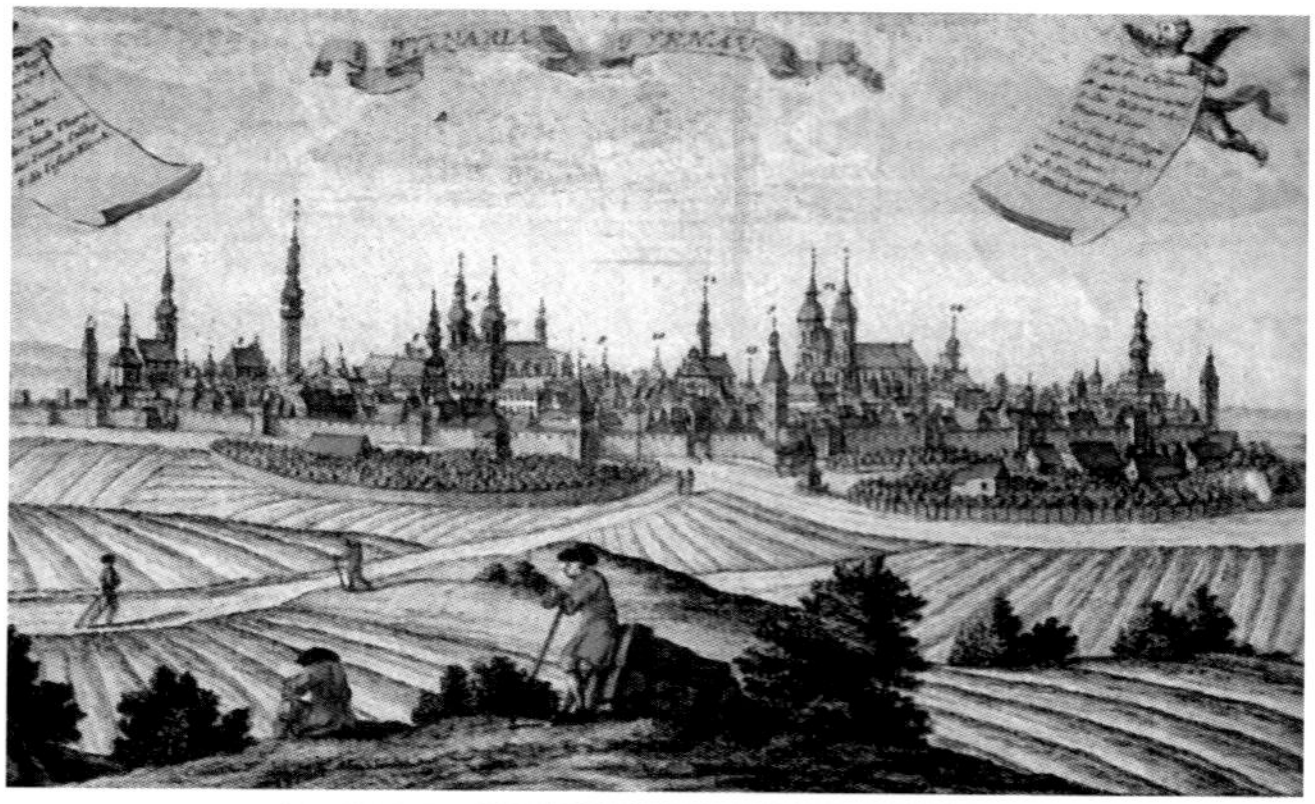

［上］**トルナヴァ** ドイツ語ではティルナウ、ハンガリー語ではナジソンバト。ブラチスラヴァが王領ハンガリーの政治的中心となったのに対して、こちらは宗教と学芸の方面から国を支えた。
［下］**トルナヴァ大学**（**左上部分**）設立当初は哲学部と神学部の 2 学部構成。1667 年に法学部が新設された。1711 年までに 1952 人の学生に学士号あるいは修士号を授与。その多くは今日のスロヴァキア出身であった。

その尽力によって一六三五年に創設されたトルナヴァ大学は、ハンガリーの最高学府として定着し、多くの知識人を集めた。一六五七年にはコシツェにも大学が誕生し、トルナヴァ大学とともにイエズス会によって運営された。

なお、上部ハンガリーにおけるハプスブルク家の支配体制が整えられるに従い、新たな教会組織が誕生したことにも触れておかねばならない。広大なハンガリー王国は、東部において、かつてのキエフ公国の領域と隣接しており、そこには東方正教会の信徒たちも住んでいた。今日のウクライナに近いスロヴァキア東部もそうした地域の一つであり、ここに住む正教徒たちをどのように位置づけるかという問題が生じたのである。最終的にこの人々は、典礼方式など正教会の宗教的慣習を維持したまま、ローマ教皇の首位権を認めてその組織下に入ることになった。こうして一六四八年に登場した教会は、合同教会、そして後にはギリシア・カトリックなどと呼ばれるようになり、これと同様のものはほかにもポーランドやトランシルヴァニアで成立している。その信徒には、現在のポーランドからウクライナにかけて主に住むルシーン人が多いことも特徴である。

［上］**プレショウの洗礼者聖ヨハネ教会内部** カトリックの修道院の一部として建てられた教会だが、現在はギリシア・カトリックの教会として使用されており、内陣と会衆席を隔てるイコノスタシスが正面に見える。
［下］**ギリシア・カトリック教会のイコノスタシス** バルジェヨウにあるシャリシュ博物館のイコン部門の展示。スロヴァキア北東部に点在するギリシア・カトリック教会の素朴な美術を堪能することができる。

ハプスブルク家による支配の確立

ハンガリー王国三分割という状況下で、ハプスブルク家に敵対する貴族たちは、時にはオスマン帝国とも提携しつつ、勢力の維持と拡大を図った。一六〇四年にはトランシルヴァニア貴族ボチカイ・イシュトヴァーンと皇帝ルドルフ二世の間に激しい対立が生じ、翌年、トランシルヴァニア公となったボチカイは一時、上部ハンガリーのほぼ全域を掌握した。オスマン帝国との「十五年戦争」の渦中にあった皇帝は、ハンガリーの伝統の国制および宗教の自由を認めることで、ボチカイと和解せざるを得なかった。また、一六一八年にチェコでプロテスタント貴族の蜂起が起こると、ベトレン・ガーボルを指導者とする貴族たちは再び軍を西へ進め、ハンガリー王冠が保管されているブラチスラヴァ城を一時掌握するなど、皇帝をさんざんに悩ませた。

ウェストファリア条約の締結によってハプスブルク家が三十年戦争の重圧から解放された後も、ハンガリーをめぐる問題にはまったく解決の兆しが見えなかった。一七世紀の後半になると、長年の戦乱による深刻な被害や、ハプスブルク家の宗教政策に対する不満を背景に、十字軍兵士を意味するクルツィと呼ばれる武装集団がハンガリー各地に出現した。一六七八年、このクルツィを率いて本格的な反ハプスブルク闘争を開始したのが、高タトリ山麓の都市ケジュマロク出身のテケイ・イムレという若いマジャール人貴族である。テケイはスロヴァキア東部と中部を支配下に置いてプロテスタントの教会組織を整備しなおし、スルタンからハンガリー王位を約束されるなど、一時はハプスブルク家の支配を根底から揺さぶる勢いを見せた。

しかし一六八三年のオスマン帝国によるウィーン包囲攻撃が、大きな転機となった。大

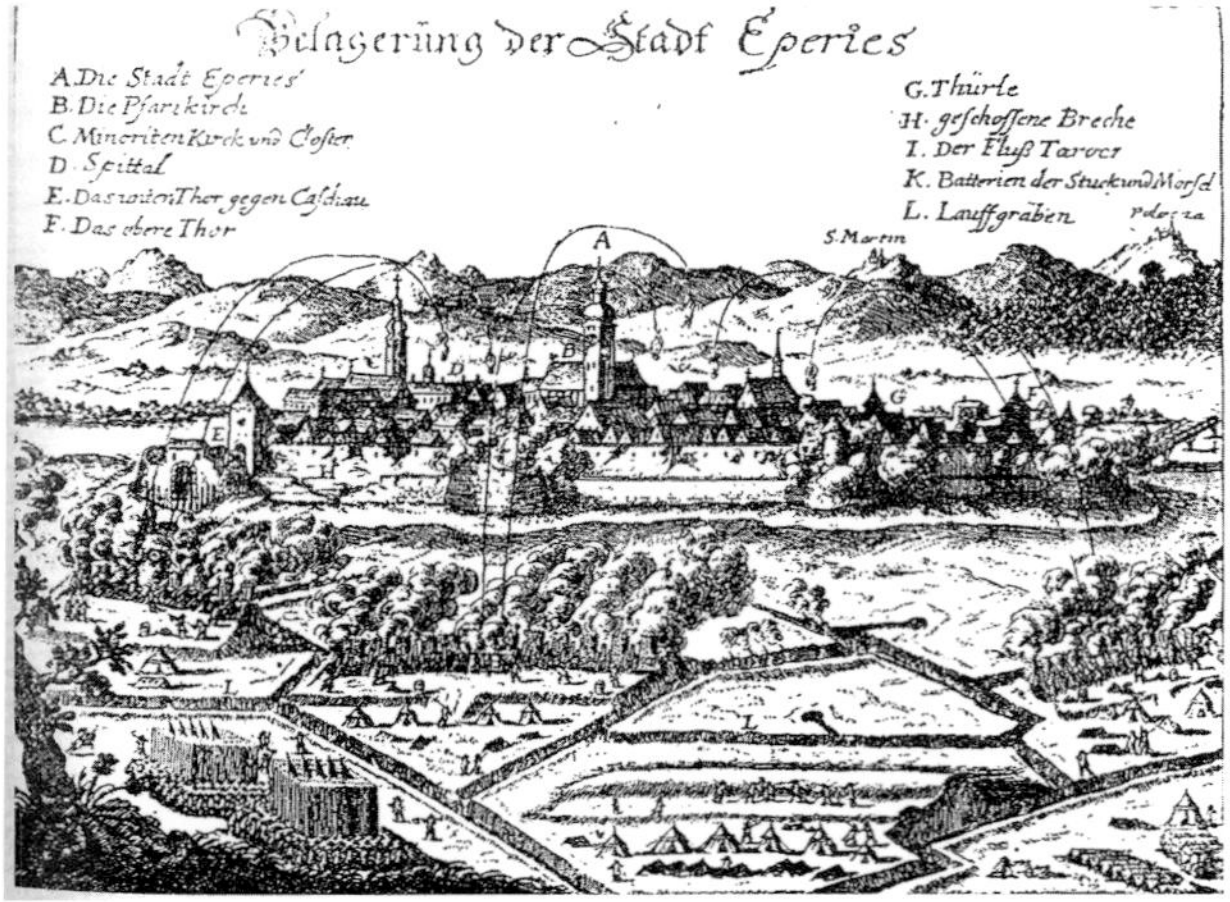

プレショウを攻撃する皇帝軍（1685年） プレショウはスロヴァキア東部、シャリシュ地方の中心都市。プロテスタント陣営に加わり、ハプスブルク家に反抗したが敗北し、24名の市民が処刑された。

宰相カラ・ムスタファ率いる大軍によって包囲されたウィーンは一時は陥落寸前となったが、ポーランド王ヤン・ソビェスキやロートリンゲン公カールなどの援軍によって窮地を救われ、一気に形成は逆転した。続く数年間の戦争において、オスマン帝国は敗退を重ねた末にハンガリーの支配領域をすべて失った。テケイはオスマン帝国に亡命し、また最後までプロテスタントにとどまって抵抗を続けたプレショウの市民たちは、皇帝軍の手で過酷に鎮圧された。一六九九年のカルロヴィッツの和約で、ハプスブルク家はトランシルヴァニアを含むハンガリー全土をついに統治下に収めたのである。

その後もハプスブルク家の強力な支配に対する反感は根強く、一七〇三年には亡命先のポーランドから戻ったトランシルヴァニア出身の貴族ラーコーツィ・フェレンツを指導者とする武力闘争が起こった。これはハンガリー解放戦争と呼ばれることもある。ラーコーツィ・フェレンツは一七〇四年にトランシルヴァニア公位に就き、翌年にはハンガリー王にも推されたが、戦争の目的を達成することはできず、しだいに貴族たちの支持を失っていった。一七一一年、ハプスブルク家はラーコーツィ・フェレンツが援軍を求めてロシアを訪問している隙をついて、マジャール人貴族との間にサトゥマーレの和約を成立させ、信仰の自由を含む特権の承認と引き換えに、

ラーコーツィ・フェレンツ（1676〜1735） 一時はハンガリーの中央部まで支配したが、1708年にトレンチーン近くで皇帝軍に敗れた。サトゥマーレの和約を承認せず、オスマン帝国で亡命生活を送った。

ハンガリーの支配権を最終的に認めさせたのであった。

この和約でとりあえず平和が回復したことにより、今度は北から南への人口移動が起り、多くのマジャール人がハンガリー中部に戻ったほか、これに混じってスラヴ人の一部も、北部の山岳地帯から中部のドナウ川流域へと進出した。

スラヴ系民族スロヴァキア人

サトゥマーレの和約の後、ハプスブルク家によるハンガリー全土の統治は、ひとまず順調であった。皇帝カール六世が交付した「プラグマティシェ・ザンクツィオン」を、ハンガリー議会はチェコよりやや遅れて一七二二年から二三年にかけて承認した。一七四〇年

に王位を継いだマリア・テレジアは、しばしばブラチスラヴァ城に滞在し、土地台帳令を公布して領主の権利に一定の枠をはめ、また初等教育から大学までの教育制度を整えるなど、多くの改革を実施した。ハンガリー全土を掌握したとはいえ、ハプスブルク家にとっては、なおもブラチスラヴァやトルナヴァなどが王国統治の拠点であった。教育改革の実現には、スロヴァキア生まれの啓蒙主義者で国王顧問となったアダム・フランチシェク・コラールが大きく貢献している。

すでに約一世紀にわたってハンガリーの最高学府の地位を占めてきたトルナヴァ大学は、一八世紀半ばに改革を施されて自然科学の部門が強化されたが、一七七七年にブダに移転した。伝統の鉱山都市バンスカー・シチアウニツァで、一七三五年に創設された鉱山学の専門学校は、一七六二年の勅令で高等教育機関となり、鉱山学や冶金学の方面で高い評判を得た。

次のヨーゼフ二世は、一七八一年の寛容令、一七八五年の隷農制廃止など、ハンガリーに対しても徹底した改革を打ち出した。無用とみなした托鉢修道会を解散させ、その財産を社会事業にあてるなどの改革は、ハンガリーの啓蒙主義者からも支持された。また、中世以来貴族の自治の基盤であった県が廃止されて一〇の州が置かれ、それぞれに州長官が任命された。現在のスロヴァキアは、ニトラ州、バンスカー・ビストリツァ州、コシツェ州のいずれかに属することになった。こうした集権化政策は当然ながら貴族たちに強い危惧の念を抱かせた。また、ヨーゼフ二世が官庁や大学の言語をドイツ語に統一したことや、ハンガリー王としての戴冠式を挙行せず、しかも王冠をブラチスラヴァからウィーンへ移したことに対しては、強い反発の声が上がった。

マリア・テレジアやヨーゼフ二世により、ハンガリーのロマに対する同化政策が打ち出されたことにも触れておかねばならない。ロマにも兵役を課し、固有の言語や服装ばかりか、ロマ同士の結婚さえ禁止したその措置は、ロマを一般農民の中に吸収させ、国家による臣民の統合を促進することが目的であったが、あまりに現実離れした政策であり、まったく効果をあげなかったのは言うまでもない。

王国の統治が安定し、教育が普及するにつれて、国家や社会に関する啓蒙主義的な立場からの議論もさかんになった。スロヴァキア中部出身のプロテスタントの牧師で、バンスカー・ビストリツァやブラチスラヴァのリツェウム（高等学院）校長となったマチェイ・ベルは、一七三五～四二年に『新たなハンガリーの歴史と地理に関する総覧』をまとめた。ベルは当時のハンガリーを代表する百科全書的知識人の一人として博識を誇った人物であるが、その論調からは出身地スロヴァキアに対する愛着も感じられる。

ブラチスラヴァにおけるマリア・テレジアの戴冠式（**1741年6月**）父カール6世が定めた通り、ハプスブルク家の全領土の継承をめざしたが、諸外国の介入という大きな困難が待ち構えていた。

学術研究の進展とともに、民族に関する近代特有の思考が少しずつ姿を現してきたことにも注目しなければならない。特に議論の対象になったのは、ハンガリーにおいてマジャール人とスラヴ人はそれぞれどのような地位にあるかという問題である。一七二〇年代に、トルナヴァ大学法学部教授のベンチク・ミハ

[右] **マリア・テレジア**（1717～80）隷農の保護や高等教育機関の拡充などにとりくんだほか、コラールの協力を得て学校制度を整え、非カトリックでもカトリックの学校に通うことが可能になった。

[左] **マチェイ・ベル**（1684～1749）ドイツのハレで学び、歴史、地理、言語学、文学、自然科学など広範な分野で活躍した。18世紀ハンガリーを代表する知識人・教育者の一人。

ーイは、トレンチーン県における貴族身分を論じるにあたり、特権を持つのは征服民である「ハンガリー人貴族」すなわちマジャール人貴族のみであり、「スラヴ人貴族」はこれに含まれないと主張した。これに対してカトリック司祭のヤーン・バルタザール・マギンは、かつてローマ帝国が異民族にも市民権を付与したことを引き合いに、スラヴ人もハンガリー人としての特権を持つと主張した。いわば、ハンガリーを単一民族国家とみなすか、多民族国家とみなすかが争われたのである。

こうした議論は、世紀後半になると歴史研究も援用して深められ、ユライ・パパーニェクは一七八〇年に公にした『スラヴ族の歴史』の中で、ハンガリー王国に先立って一〇世紀以前に「古きスラヴ人の王国」が存在したという解釈をかかげ、スラヴ人の正当な権利を主張した。この段階ではハンガリー王国民の一部としてではあるが、スラヴ系民族スロヴァキア人、そしてその故国スロヴァキアという概念が、まさに生まれようとしていたのである。

[右] **アダム・フランチシェク・コラール**（**1718～83**）学問の普及に努め、「ハンガリーのソクラテス」とあだ名された。君主権を擁護して特権階層を批判したため、貴族からは激しく攻撃された。

[下] **ヤーノシーク**（**中央の人物**）18世紀初頭、スロヴァキアの山中で活動し、捕らえられて絞首刑となった山賊。民衆のヒーローとして語り継がれ、「山の民」スロヴァキア人のイメージ形成に一役買った。19世紀前半のガラス絵。

第7章

チェコにおける国民社会の形成

近代市民社会の登場

一八世紀末から一九世紀初頭にかけて、ヨーロッパはフランス革命およびナポレオン戦争による大動乱に見舞われた。ハプスブルク家の領内深く攻め込んだフランス軍を前にオーストリア軍は敗退を重ね、一時はウィーンまで占領された。一八〇五年一二月二日にはブルノ近郊のスラフコフ（アウステルリッツ）で、オーストリアとロシアの連合軍がフランス軍に大敗した。その前年に皇帝フランツ二世はオーストリア帝国を発足させ、改めてオーストリア皇帝フランツ一世として即位しており、神聖ローマ帝国は一八〇六年に廃止された。

ナポレオンの失脚後、一八一四年から一五年にかけてウィーンに各国代表が集まり、復古的な「ウィーン体制」が取り決められた。オーストリアでは、保守的な皇帝およびウィーン体制の立役者である宰相メッテルニヒのもとで、かつてヨーゼフ二世が進めた改革は取り消されていった。フランス革命の影響により、自由な市民社会を求める声も一部に広まっていたが、警察による厳しい監視がこれを抑え込んだ。ただし、強力な官僚制システムを整えて集権的な国家をめざすという点において、ウィーン体制時代の政治は啓蒙主義を引き継いでいたともいえる。

強力な帝国政府の管理下に置かれたとはいえ、チェコやモラヴィアには領邦貴族らが運営する領邦行政庁があり、領邦議会も開かれていた。しかしその権限は事実上奪われていたので、この時期の貴族たちはむしろ学術や文化の面で成果をあげている。すでに前世紀から、政府による「上からの改革」に対応する形で、各地域の文化や生活水準向上への取り組みが進んでおり、一七九〇年には皇帝の認可を得たチェコ王立学術協会が成立し、一八一八年にはチェコ民族博物館が創られた。さらに一八三三年にはチェコ産業振興連合が発足している。貴族たちは政府による強い統制には不満であり、領邦の歴史的権利を折に触れて主張したが、譲歩を引き出すことはできなかった。

社会の近代化が必要である点は、帝国政府も十分に了解していた。一八一一年の民法典は啓蒙主義的理念を一部受け継いでおり、市民の政治的権利は制限されていたものの、財産や相続に関する平等は実現した。初等教育も拡充・整備されたが、政府の指導のもとで、教育の現場ではドイツ語がしだいに優勢になっていった。

ナポレオン戦争は、オーストリア帝国各地の産業を活発化する契機にもなった。一九世紀前半には、綿織物工業や毛織物工業のほか、甜菜を原料とする製糖、ビール醸造、製粉など食品産業がしだいに機械化され、機械工業や鉄道の発達は鉄と石炭の需要を高めた。一八三二年にはオーストリアのリンツとチェコ南部のチェスケー・ブジェヨヴィツェを結ぶ馬車鉄道が開通した。続いてウィーンとガリツィアを結ぶ鉄道建設が進められ、一八四五年にはその支線の開通によりプラハに初めて蒸気機関車が到着した。

こうして人々の暮らしが変わっていくにつれ、企業家や経営者などが新たな社会的勢力となった。これに弁護士、医者、教師などの知識人が加わり、官僚や従来の有産市民などとともに、新たな中間層としての市民階層を形成していく。こうした人たちには、身分制的性格を残した旧来の社会はあまりに束縛が多く窮屈であった。自由で平等な国家体制を理想とする彼らは、政治的権利を主張して憲法制定と議会開設を要求し、言論と結社の自由を求めていた。

　産業の近代化により、人々の移動も頻繁になった。一九世紀半ばには、稼ぎ口を求めて農村からウィーン、プラハ、ブルノなど大都市へ移動する人々が増え、没落した小規模な経営者たちとともに労働者階層を形成していった。これに伴い、都市の劣悪な住環境や貧困が社会問題としてとりあげられるようになった。

近代チェコ語文化の形成

　新たな産業社会に生きる市民たちは、必然的に、政治、社会、文化などについて広範囲な議論を展開し、情報を交換し合う場を作り出していったが、こうした公論社会には当然ながら共通の言語が必要であった。それもラテン語のような学問用語ではなく、日常的に多くの人々が用いる言語でなければならない。チェコやハンガリーも含むオーストリア帝国において、ドイツ語がこうした「国民語」の役目を果たすと考えるのは、この国の体制からして、またそれまでのドイツ語文化の豊かな蓄積からしてまったく不自然ではなかった。そしてすでに政府の方針により、上級の官庁および教育機関の言語はドイツ語に一本化されつつあった。帝国各地に住むドイツ系の人々は、自分はドイツ語を話すドイツ人であるとともに、所属としてはオーストリア人、ボヘミア（チェコ）人、モラヴィア人でもあると考えることに、何の違和感もなかったのである。

　しかしチェコやモラヴィアにおいては、チェコ語もまた国民語として十分に成り立つと考える人々もいた。その背景には、一部の上流階層や教養層だけでなく、一般民の文化的、社会的水準をも高めようという啓蒙主義的理念があったが、生き生きとした表現力を持つ民衆の言語を尊重すべきというロマン主義的理念もまた動機としては重要であった。さらに、ヨーロッパ東部の広い地域に住むスラヴ人の連帯を説き、これまで歴史の中であまり表に立つことなく暮らしてきたこの民族集団

［上］**プラハの鉄道開通（1845 年）**
1841 年にウィーンとオロモウツ間を最初の機関車が走り、4 年後にはプラハも鉄道網に組み込まれた。現在はここにマサリク駅があり、アンピール様式の駅舎（1844 ～ 45）が現役で使われている。

［右］**プラハの賑わい（1820 年頃）**
旧市街の南東、フ・コトツィーフ通り（露店通り）付近。古くからプラハ随一のショッピングエリアとして栄え、近くには 1738 年に市当局によってプラハ最初の公立劇場も建てられた。

ドブロフスキー（1753～1829） ドイツ語の環境で育ち、チェコ語はギムナジウムで学んだ。歴史学、文学、言語学などを幅広くおさめ、チェコ王立学術協会での活動などを通して近代チェコの学問の確立に大きく貢献した。

ユングマン（1773～1847） やはり母語はドイツ語で、チェコ語は後に習得した。「真の愛国者は知的・文化的活動においてチェコ語を用いるべき」と主張し、翻訳や著作を通じてチェコ語文章語の普及に努めた。

ティル（1808～56） 自ら創設した劇団を率い、劇作家としてだけでなく、演出家、俳優としても才能を発揮した。1848年革命の際は政治の舞台でも活躍したが、その後は活動を制限され、晩年は不遇であった。

ニェムツォヴァー（1820～62） ウィーンでドイツ人を父に、チェコ人を母に生まれた。若い頃は、役所勤めの夫とともに各地を転々とする生活を送り、一般民衆の世界に関心を向け、社会問題にもとりくんだ。

パラツキー（1798～1876） 最初は家庭教師などで生計を立てながらヨーロッパ中の文書館をめぐって史料を集め、歴史家として大きな成果を上げた。1848年以降は政治家としてチェコ人の指導的存在となった。

にこそ偉大な未来が開かれているとする、いわゆるスラヴ主義も、この傾向を強く後押しした。

学術研究によってこれに基礎を与えようとする知識人たちも登場した。ハンガリー生まれの優れた啓蒙思想家ヨゼフ・ドブロフスキーは、一七九二年の『チェコの言語と文学の歴史』においてチェコ語の価値を世に広め、ヨゼフ・ユングマンは一八三四年から三九年にかけて五巻本の『チェコ語・ドイツ語辞典』を刊行した。北モラヴィアのルター派牧師の子として生まれ、貴族の後援を得て歴史研究に従事してきたフランチシェク・パラツキーは、一八三六年から六五年にかけてドイツ語で五巻本の『ベーメン（ボヘミア）史』を著した。これは後に改訂され、チェコ語による五巻本の『チェコとモラヴィアにおけるチェコ民族史』として一八四八年から七六年にかけて出版された。チェコ語による近代的な学問の基礎を築いたこれらの知識人たちも、当初はドイツ語による言論の世界で活動していた。

一九世紀前半は、チェコ語の近代文学の確立期でもある。一八三〇年代には、一八世紀末に最高城伯ノスティッツ伯爵がプラハに建てたスタヴォフスケー（エステート）劇場で、若き劇作家ヨゼフ・カイェターン・ティルによるチェコ語の演劇活動が注目を集めていた。詩人のカレル・ヒネク・マーハは一八三六年の「五月」などロマン主義的作風で名高い。後に代表作『おばあさん』（一八五五年）でチェコの農村に生きる人々を温かく描いたボジェナ・ニェムツォヴァーは、一八四〇年代から創作や社会活動を始めていた。

都市には、文化的な催しを通して交流し、議論を深め合うベセダと呼ばれるクラブがいくつも登場した。特に一八四五年に創られたプラハの市民ベセダは、リベラルなチェコ人市民層が集まる主要なフォーラムとなり、後

『おばあさん』1903年版の挿絵 ニェムツォヴァーが自身の幼少時代の体験をもとに描いた平和な農村庶民の生活は、伝統的民衆世界の理想像として人々の間に伝えられていった。

に政治家として活躍するフランチシェク・アウグスト・ブラウネルらがこうした場で注目を浴びていった。また、ジャーナリストのカレル・ハヴリーチェクが編集を担当する「プラハ新聞」は、厳しい検閲にもかかわらずチェコ人リベラルの立場で論陣を張った。こうして一八四〇年代には、チェコ人の国民社会がその明確な姿を現しつつあった。

一八四八年革命

一九世紀半ばには、全ヨーロッパにおいて、ウィーン体制のほころびがすでに明らかになっていた。政治的権利、自由、平等を求める動きが各地で強まり、公然と政府を批判する運動も頻発していた。また、いまだに領主による農民の人格的支配が続いているヨーロッパ東部の農村はますます不穏な情勢になっており、一八三一年にはスロヴァキア東部で、一八四六年にはガリツィアで大規模な農民蜂起が発生した。

一八四八年二月にパリで民衆運動によって共和政が樹立されると、革命は短期間のうちにヨーロッパ各地に飛び火した。ドイツおよびヨーロッパ東部でも、自由・平等の国民社会建設の主張が一気に表面化した。しかしこれは、各地で登場しつつあった国民社会同士が衝突し、互いに攻撃しあうナショナリズムの時代の本格的な幕開けでもあった。

ウィーンでは民衆の強い要求におされてメッテルニヒが更迭され、皇帝は議会の召集を約束した。ウィーン三月革命である。ハンガリーでも、ブラチスラヴァで開催されていた議会において、議会に責任を負う独自の内閣の設置が決められた。

プラハでは、三月一一日に新市街にある集会場「聖ヴァーツラフ浴場」で会合が開かれ、その議論をもとに、隷農制の廃止、チェコ王冠諸邦共通の議会および政府の設置、チェコ語とドイツ語の同権などを求める請願書が作成されてウィーンに送られた。当時の情勢を考えれば穏健な内容といえる。皇帝は四月八日の書簡で、これを基本的に承認した。レオ・トゥーンが行政庁長官に就任し、またプラハでは新たな事態に対応するため、リベラル派を中心とする国民委員会が組織された。

同じ頃、ドイツでも革命が進行していた。ドイツでは一八一五年にゆるやかな連合体としてのドイツ連邦が成立していたが、革命勢力は統一的な国民国家の創設をめざし、そのための憲法制定議会をフランクフルトで開催する準備が進んでいた。ここで想定された統一ドイツは、いわゆる大ドイツ主義にもとづくものであり、チェコも含めたオーストリア帝国の領域にもおよんでいた。チェコやモラヴィアに住むドイツ人も、この方針に異存はなかった。

しかし、この議会のための準備委員会に招聘されたパラツキーは、返書として四月に新聞紙上にいわゆる「フランクフルトへの手紙」を載せ、出席を辞退した。理由として、チェコは歴史上一度もドイツという国家に属した事実はないという点、さらに、このドイツ統一運動はオーストリア帝国を解体させる危険があるが、ドナウ川の周辺に住む小さな諸国民が生き残るにはこの帝国の存在が不可欠である点が強調されている。パラツキーらの目標は、オーストリア帝国を分権的な連邦国家に再編成し、その中でスラヴ系も含めた諸国民が共存するというものであり、これは「オーストリア・スラヴ主義」と呼ばれる。こうして、同じく自由主義的理念を掲げつつ、ドイツ人とスラヴ人の間には対抗関係が生じ、ドイツ人革命勢力の目には、スラヴ系諸国民の自立要求は革命を妨害する反動的なものと映った。

春から夏にかけて、ウィーンの情勢はさらに緊迫していた。皇帝は暴動を恐れてインスブルックへ逃亡し、政府は五月一六日に、直接選挙にもとづく帝国議会が憲法を制定することを承認した。これと並行して、チェコでは、約束された王国議会のための選挙も実施された。

［上］**プラハ蜂起** 1848 年 6 月、軍と衝突した学生や急進派たちはプラハ市街各地にバリケードを築いて抗戦の構えを見せた。この図は旧市街広場と「小広場」の間の様子。女性の活躍も目立ったらしい。
［下］**オーストリア皇帝フランツ・ヨーゼフ１世とその家族** 保守的な人物であったが、1916 年に 86 歳で死去するまで帝国の統合の象徴として君臨し、ハプスブルク家の権威をかたくなに守り続けた。

しかしこれが召集されないうちに、事態は急変する。プラハでは六月二日から、パラツキーらの構想に沿って、帝国内外のスラヴ人代表約三四〇人を集めたスラヴ会議が開催された。そしてスラヴ人抑圧への抗議、全ヨーロッパ的な「自由な民衆の集会」の呼びかけなどを内容とする、ヨーロッパ諸国民および皇帝にあてたマニフェストが作成された。しかし六月一二日に、聖霊降臨祭後のミサに集まった群衆と、当時プラハに駐留していた将軍ヴィンディシュグレーツの軍との間に衝突事件が起こり、挑発された学生や急進派の蜂起、そして市街戦へと拡大した。スラヴ会議は解散し、数日後には蜂起も鎮圧された。静観していた上層市民はこれに安堵した。ドイツ人側は「野蛮なスラヴ人」の敗北を歓迎し、またスラヴ会議についても「そこで共通語として用いられたのはドイツ語だった」と揶揄した。

革命の終焉

帝国議会は七月二二日にウィーンで開催された。賦役の廃止などはすでに勅令で方針が決まっており、九月七日に隷農制の廃止、および保有地と直営地の区別の廃止が正式に決定された。農民が、隷農身分にもとづいて領主に対して負っていた義務は、有償で廃止されることになった。豊かな農民にはこうして自立の道が開けたが、土地をほとんど持たない農民は、なおももとの領主の土地での労働で生活していくしかなかった。

一八四八年秋に入ると、帝国政府は当初の衝撃から徐々に立ちなおり始めていた。プラハはなおもヴィンディシュグレーツの軍によって掌握され、またイタリア方面の帝国領における革命勢力はラデツキー将軍によって抑え込まれた。クロアティアでは太守イェラチッチがハンガリーへの対決姿勢を鮮明にしていた。こうした情勢を受け、九月には帝国政府とハンガリー革命政府の間に戦争が始まった。

クロムニェジーシの中心部　ドイツ語ではクレムジール。12世紀からオロモウツ司教が治めた街。城の大広間で1848年にオーストリア帝国議会が開かれ、憲法をめぐって論戦が繰り広げられた。

ウィーン市内では、ハンガリーの革命を支持する急進派や学生、そしてプロレタリアートの動向により、情勢はさらに緊迫していた。一旦ウィーンに戻っていた皇帝は、一〇月に生じた騒乱を受けてオロモウツへ移り、帝国議会もまた一一月二二日にモラヴィアのクロムニェジーシに場所を移して再開した。後にパラツキーの娘婿となるフランチシェク・ラジスラフ・リーゲルは、ここで人民に主権があることを力説して憲法制定論議に強い影響を与えた。パラツキーは帝国を言語の境界線に従って区分する案を示したが、スラヴ人を含めた平等な諸国民による帝国の連邦化には、ドイツ人やマジャール人議員が強く反対した。翌年三月までの長期間の議論の末、最終的には各方面の主張をとりこんだ妥協的な憲法草案がまとめられた。

しかし皇帝政府側にはすでに巻き返しの準備ができていた。一八四八年一一月二一日にはシュヴァルツェンベルクが首相に就任し、続いて一二月二日には虚弱なフェルディナント一世に代わって一八歳の甥フランツ・ヨーゼフ一世が即位し、宮廷の雰囲気を一新させた。そして一八四九年三月七日、帝国議会は軍隊の力で強制的に解散させられ、憲法草案も日の目を見ることはなかった。同日、これに代わる欽定憲法が公布されたが、これも結局は発効しなかった。

オーストリアの革命が力で抑え込まれるなか、ハンガリーは独立を宣言したが、八月から九月にかけて、ロシアの援軍を得た皇帝政府の前に敗北した。フランクフルトの議会も、三月にオーストリアを含まない小ドイツ主義にもとづく憲法を採択したものの、プロイセン国王が帝冠を拒否したため、ドイツの革命もまた目的を果たせずに敗北した。

ハヴリーチェク（1821～56）革命が敗北した後も、体制を果敢に批判し続けたが、若くして結核で亡くなった。その姿は人々の共感を集め、圧政に対抗する運動の象徴として記憶されていった。

新絶対主義と妥協（アウスグライヒ）

革命の挫折により、社会は厳重な統制と監視のもとに置かれ、革命運動の参加者たちは沈黙を余儀なくされた。ハヴリーチェクはなおも新聞の発行を続けたが、一八五一年に逮捕されて南ティロルのブリクセンに送られ、五五年にチェコに戻されたが翌年死去した。一八五一年末にはジルヴェスター（大晦日）勅令が発布され、市民の同権や農民解放などは認められたものの、革命の際の要求はほとんど否定された。警察、軍隊、そして官僚によって支えられた、新絶対主義とも呼ばれるこの厳格な統治は、内相を務めた人物の名にちなんで「バッハ体制」と名づけられている。チェコの行政庁は廃止され、王国議会も開催されなかった。

もとより、行政や社会の近代化や効率化は、国家の重要課題であった。経済活動の自由は維持されたので、各地で産業の機械化、大型化が進み、資本家層も登場しつつあった。一八五〇年には主要な都市に商工会議所が設置された。農村から都市への人の流れは加速し、都市人口は急激に拡大した。帝国政府に加わったレオ・トゥーンの尽力により、ギムナジウムの拡充などが実現したが、同時に教育機関のドイツ語化もさらに進められた。

対外関係において、オーストリア帝国は多くの難題を抱えていた。一八五三年にクリミア戦争が起こると、オーストリアはロシアのバルカン半島進出を阻止すべくモルドヴァ・ワラキアに兵を進めたため、ロシアとの関係は悪化した。一八五九年にはサルデーニャを中心とするイタリア独立戦争が生じ、ハプスブルク家はロンバルディアなどの領土を失った。戦争で財政難に陥った帝国政府は、新絶対主義体制の見直しに着手した。しかし、ウィーンの官僚や自由主義者の主張する立憲的な中央集権制と、領邦の貴族らが主に唱える連邦制のいずれを選択するかが問題であった。

一八六〇年の十月勅書は、領邦議会と、その代表からなる帝国審議会を設置するなど、領邦の歴史的権利を一部回復させるものであったために一部の批判を招き、翌六一年にこれを集権的な方向で修正した二月勅令が発布された。ここでは二院制の帝国審議会と領邦議会の設置が定められ、そのうち領邦議会は、それぞれ大土地所有者、商工会議所メンバー、都市、農村を代表するクーリエと呼ばれる四つの部会から成り立っていた。後者二つのクーリエの選挙には、納税額にもとづく制限があった。同年五月に帝国審議会が召集されたが、チェコ王冠諸邦の歴史的権利を主張するチェコやモラヴィアの議員たちは、帝国審議会の体制はこれにそぐわないとして徐々にここから去り、「消極的抵抗」すなわちボイコットの戦術に入った。

オーストリアは、近い将来実現すべきドイツ統一の主導権をめぐってプロイセン王国と競い合ってきたが、シュレスヴィヒ・ホルシュタイン帰属問題をきっかけに、一八六六年六月、ついに戦争に突入した。そして七月三日、チェコ東部のフラデツ・クラーロヴェー（ケーニヒグレーツ）近郊サドヴァーにおける、両軍合わせて数万人の死傷者を出す激戦の末に、オーストリアは敗北した。

態勢の根本的立て直しのために一八六七年に帝国政府が採用したのが、ハンガリーとの妥協（アウスグライヒ）である。オーストリア帝国は、東部のハンガリー王国と、西部のオーストリア（帝国）の二つからなる二重君主国へと再編成された。西部は便宜的にオーストリアと呼ばれるが、実態はさまざまな領邦が集まった「帝国議会に代表される諸領域」であり、ハンガリーとの国境を流れるライタ川の手前という意味でツィスライタニアとも呼ばれる。東西は共通の君主を戴き、軍事・外交・財政は共通業務だが、それ以外は独自の内閣と議会によって自立的に運営されることになった。チェコ人は、ハンガリーにのみ自立を認めたこの「二重制」に対して強い批判を浴びせた。

活気づく政治的・社会的運動

一八六七年一二月、ツィスライタニアを対象に、自由主義的な憲法が公布された。立法権を持つ二院制の帝国議会が設置され、下院議員は領邦議会により選出されることになった。国民には基本的人権が認められ、さらに「ナショナリティと言語を維持し、涵養する権利」も保障された。教育に対するカトリック教会の影響力は大きく削られた。

　これに先立つ一八六〇年代前半から、チェコ人の政治的・社会的運動は活気を取り戻していた。パラツキーやリーゲルなど、四八年革命で先頭に立った人々は、穏健リベラルの立場からチェコの国家権を強く主張する国民党としてまとまり、これは老チェコ党という別名でも呼ばれた。消極的抵抗路線をとる老チェコ党に対し、積極的にチェコ人の権利を主張しようとする勢力は、一八七〇年頃から青年チェコ党と呼ばれる新たなグループを作り、スラトコフスキーやグレーグル兄弟らがその指導者となった。

　社会団体の結成も相次いだ。ミロスラフ・ティルシュらが創設した体育団体ソコル（鷹）、そして合唱協会フラホル（響き）などは、チェコ人としての自覚を高めるための場でもあった。カロリナ・スヴィエトラーらは女性独自の団体「アメリカ婦人クラブ」を創設して文化・慈善活動を展開し、富裕な事業家ヴォイチェフ・ナープルステクがこれを支援した。

　チェコ語の舞台芸術の拠点としての劇場をプラハに建設する案は、すでに四八年革命の前から浮上していたが、とりあえず一八六二年に木造の暫定劇場が造られた。一八六六年にベドジフ・スメタナがその首席指揮者となり、そのもとで若きアントニーン・ドヴォジャークがヴィオラを弾いていた。一八六八年には、ヨゼフ・ズィーテクの設計による正式な国民劇場の定礎式が盛大に挙行された。これは八一年にほぼ完成したものの失火で全焼してしまい、二年後に再建されてスメタナのオペラ『リブシェ』により活動をスタートさせた。プラハ新市街の馬広場は、ヴァーツラフ広場と改称していたが、一八九〇年にはその南端に国民博物館の新しい建物が完成した。

　人々は、祖国の国土と歴史を再確認するべく、山野にも赴いた。一八六八年には四万人近い人々が伝説の始祖ボヘムスゆかりのジープ山頂で集会を開き、同様の運動はターボル運動と呼ばれて、その後も各地で繰り返された。

オーストリア・ハンガリー二重君主国
ハンガリーはまとまった王国だが、それ以外の部分は「帝国議会に代表を送る諸王国と諸領邦」が正式名称。「オーストリア」は便宜的な呼び方に過ぎない。

リーゲル（1818 ～ 1903）
革命の際にパラツキーの協力者として活躍し、世紀後半にはリベラル派の代表としてチェコの政治を長年にわたって指導した。写真はプラハのリーゲル公園にある像。

［右］**プラハの国民劇場定礎式** 長期にわたる準備の末に挙行された定礎式は、それ自体が一種の国民的祭典であった。国内の各地から礎石が運び込まれ、民族衣装に身を包んだ人々の行列が彩りを添えた。
［左］**プラハの国民劇場** ヴルタヴァ川を隔ててプラハ城を望む絶好の場所にある、ネオ・ルネサンス様式の華麗な建物。

チェコ人の政治活動

一八七〇年代、帝国は大きな曲がり角を迎える。リベラルな政策により過熱していた景気は、一八七三年、ウィーンでの株式大暴落を機に一気に冷え込んだ。そして一八七七年から翌年にかけての露土戦争でロシアが大勝してバルカンへの勢力拡大を図ると、帝国政府はこれを阻止すべく画策し、七八年のベルリン会議においてボスニア・ヘルツェゴヴィナ領有を認められた。これ以降、親ドイツ路線が帝国政府の基本方針となっていく。また選挙で敗北した自由主義勢力に代えて、皇帝はエドゥアルト・ターフェを首相に任命し、チェコの穏健派は地主層やガリツィアの保守派とともにこの政権を支える勢力となった。これを受けてチェコ人議員は帝国議会に復帰した。

帝国政府はチェコ人の要求に歩み寄り、一八八〇年にシュトレマイアーの言語令が制定されて、チェコ語はドイツ語と並んで、チェコとモラヴィアの役所の外務用語、すなわち窓口で用いる言語として承認された。また一八八二年にはプラハ大学がドイツ語部門とチェコ語部門に分割された。一八八五年には、チェコ王国議会の選挙権に関して、基準となる納税額が引き下げられ、結果としてチェコ人が安定多数を占めた。これに反発して今度はドイツ人側がボイコット戦術に訴えた。

首相ターフェは、裁判区域や商工会議所、

［上］**プラハの国民博物館** 1818年にシュテルンベルク伯らによって創設された国民博物館は、世紀末になってついに壮麗な建物を備えるにいたった。市街を取り囲む城壁が撤去された跡地に建つ。図は1900年頃の様子。
［下］**フルボカー城** 各地の伝統の城も、時代の好みに合わせて様々な改修を施された。この城の歴史は13世紀にさかのぼるが、城主シュヴァルツェンベルク家によって1841年から71年にかけてテューダー様式で建て替えられた。

教育委員会などを分割する案を提示してドイツ人とチェコ人の融和を図ろうとした。これに同意した老チェコ党は結果として支持を失い、一八九一年の帝国議会選挙で躍進した青年チェコ党が、その後のチェコにおける政治的主導権を握ることになる。

一九世紀の終わりにかけて、チェコではさらに各層の政治的利害を代表すべく、政党の結成が進んだ。労働者や商店主らが支持するチェコ国民社会党、地主層の利益を代表するチェコ農業党、社会問題への積極的取り組みをめざすカトリック系聖職者のキリスト教社会党などである。また、労働運動の指導者たちは、当初はオーストリアの社会主義政党に加わる形で活動していた。ターフェ内閣も、労働日の制限や保険制度の導入など一定の社会政策を進めて労働者の要求に対応した。

後にチェコスロヴァキア建国の指導者となるトマーシュ・ガリグ・マサリクが注目を集めたのもこの頃である。マサリクは一八五〇年に南モラヴィアのホドニーンで生まれ、ウィーンなどで学んだ後、プラハ大学チェコ語部門の哲学教授となっていたが、八六年の「手稿論争」で一躍その名を知られるようになった。チェコでは一八一七年に、巫女リブシェの物語に関する古文書が「発見」され、チェコの偉大な歴史を証明する史料とみなされてきたが、マサリクらは綿密な調査にもとづき、これが近年の偽作であると主張したために猛反発を招き、一大論争が引き起こされたのである。マサリクは、ヨゼフ・カイズル、カレル・クラマーシュらとともに知識人グループを作り、彼らは「リアリスト党」と呼ばれた。

産業の拡大と国外への移民

一八七三年の恐慌から、チェコは比較的早く立ち直った。一八六九年に創設された勧業銀行が工業・農業部門への投資を促進し、八〇年には、チェコ、モラヴィア、シレジア全体でツィスライタニアの工業生産の三分の二を占めていた。鉄道建設のほか、主力の食品産業の拡大は機械工業をさらに発達させ、鉄鋼業の発達も顕著であった。工業部門の人口は一九〇〇年に王冠諸邦全体の三三パーセントに達し、有力な資本家も育ちつつあった。プルゼニの機械工場のエンジニアから出発し、工場を買収した後、最終的に機械・鉄鋼・兵

［上］**エミル・シュコダ**（1839 ～ 1900）1869 年に発足したシュコダ製作所は、当初は精糖機械などを製造していたが、製鉄・機械工場として急速に発展し、オーストリアの兵器生産で主要な地位を占めた。

［左］**オストラヴァのヴィートコヴィツェの製鉄所** 19 世紀半ばには、チェコやモラヴィアでも本格的な工業化の時代が訪れた。ヴィートコヴィツェの施設は今でも貴重な産業遺産となっている。

器製造を手がける大企業へと発展させたエミル・シュコダはその代表である。

プラハやブルノは工場地帯を抱える大都市になり、一九一〇年の時点で人口はそれぞれ約六〇万人、二〇万人に達した。これに伴い、都市の生活基盤の整備も急務であった。上下水道の設置や、しばしば氾濫するヴルタヴァ川など河川の水害対策事業、そして住環境の悪い市街地の再開発が進められ、人口密集地区として知られたプラハのユダヤ人街は、取り壊されてヨゼフォフというモダンな市街地に生まれ変わった。郊外にはゆったりとしたスペースの住宅地が建設され、中間層や比較的余裕のある労働者たちの住みかになった。プラハではすでに一八七五年から路線馬車が走っていたが、九一年にチェコ人企業家たちが多数参加して内国博覧会が開催された際、電機工場主フランチシェク・クシジークが見物客の輸送のために初の路面電車を走らせ、しだいに馬車にとって代わった。

産業規模の拡大は余暇やレジャーの部門にもおよび、チェコ西部のカルロヴィ・ヴァリやマリアーンスケー・ラーズニェなど古くから知られた温泉地は、大規模ホテルの並ぶ一大リゾートに変貌した。モラヴィア東部のルハチョヴィツェもローカル色を前面に押し出した温泉保養地として人気を集めた。

こうした社会の近代化と人口増は、国外への人口流出も促した。貧しい農村地帯から生活の糧を求めて都市へ短期出稼ぎに行く人々は、一八世紀末頃から目立っていたが、その動きは一九世紀末になるとしだいに帝国の国境を越えて西欧へ、そしてさらに大西洋を越えて新大陸へと拡大した。現地での滞在は数年におよぶことも多く、そのまま現地に住み着く人々も珍しくなかった。一八九〇年から一九一〇年までの間に、チェコからは五〇万人近くが国外へ移住したと見積もられている。特に北米の工業都市に創られたチェコ人移民組織は、スロヴァキア人移民組織とともに、チェコスロヴァキア共和国成立にあたって重要な役割を果たすことになる。

［上］**プルゼニにあるシュコダ社の機械工場内部** 高品質の製品は国際的にも高く評価された。
［下］**チェコ初の路面電車** プラハで開かれた内国博覧会の客を運ぶため、「チェコのエジソン」の異名をとるクシジークがレトナー公園内の約800メートルの区間を走らせた。1896年には市内での定期運行も始まった。

世紀転換期の状況

一八九五年にツィスライタニアの首相となったバデーニの内閣のもとで、チェコ人政治家たちはさらにいくつかの成果をあげた。一八九六年の選挙法改革によって王国議会の納税額制限はさらに引き下げられ、また男子普通選挙による第五クーリエが新たに設けられた。そして一八九七年の言語令により、チェコとモラヴィアの役所においてドイツ語とチェコ語は完全に対等となった。しかしドイツ人でチェコ語を話せる人が少なかったこともあり、ドイツ人側の猛烈な反対運動が巻き起こり、議事妨害で帝国議会は麻痺状態に陥った。バデーニは更迭され、言語令も一八九九年に撤回されたが、各地でドイツ人とチェコ人のデモ隊が衝突して騒乱状態になった。

ドイツ人は、ツィスライタニア全体では多数を占めるが、チェコ王冠諸邦に限ってみれば約三割程度の少数民族であった。彼らは、チェコ人が強力な社会的勢力へと成長するにしたがい、自分たちの地位が脅かされるという危機感を募らせていたのである。彼らの一部は、オーストリアでシェーネラーらが掲げる汎ドイツ的な「国民社会主義」にしだいに引きつけられていったが、これは同時に極めて反ユダヤ主義的な運動でもあった。

一九〇五年にロシアで起きた革命に触発され、ウィーンやプラハでも選挙権拡大を求める運動が広がった。一九〇七年には普通選挙にもとづく初の帝国議会選挙が行われたが、なおも諸勢力の妨害が続き、議会の正常な運営は不可能であった。一九一四年三月に帝国議会はついに休会となり、チェコ王国議会も一三年七月二六日に解散されて、「適切な選挙が可能になる時期」を待つことになった。

チェコがチェコ人とドイツ人の二つの社会に分裂していくなかで、ユダヤ人は難しい立場に置かれつつあった。かつて人々が自由と平等を求め、旧体制の打破をめざした時、これに共感を示し、その運動に加わるユダヤ人も多かった。事実、社会の近代化の流れはユダヤ人にもおよび、一九世紀後半になると、中世以来ユダヤ人と一般社会を隔ててきた障壁は撤廃され、市民的同権、営業の自由、選挙権や被選挙権の獲得などが実現していた。多くのユダヤ人はいまだに地方社会で伝統の生活を続けていたとはいえ、実業家や知識人として活躍の機会を得た人たちは、ユダヤ人としてのアイデンティティを維持しつつ、ドイツ文化に同化していった。また一九世紀末には、チェコ人側の社会に同化していくユダヤ人も増えていった。ポーランドなどに比べれば数は少ないとはいえ、プラハその他チェコやモラヴィアの都市において、ユダヤ人は重要な社会的地位を築きつつあった。

しかし、ユダヤ人を異人種、異民族とみなして排撃する姿勢は、ドイツ人、チェコ人を

［上］**ルハチョヴィツェ** スロヴァキアとの国境に近い山間部に位置する。この地方の伝統の建築をもとに、スロヴァキアの建築家ユルコヴィチ（第８章参照）が多くの温泉施設を建設したことでも知られる。
［下］**レストランのテラスでくつろぐ人たち** 19世紀末頃から、レストランやカフェで過ごす時間は市民生活の一部としてすっかり定着していった。1910年頃のプラハの風景。

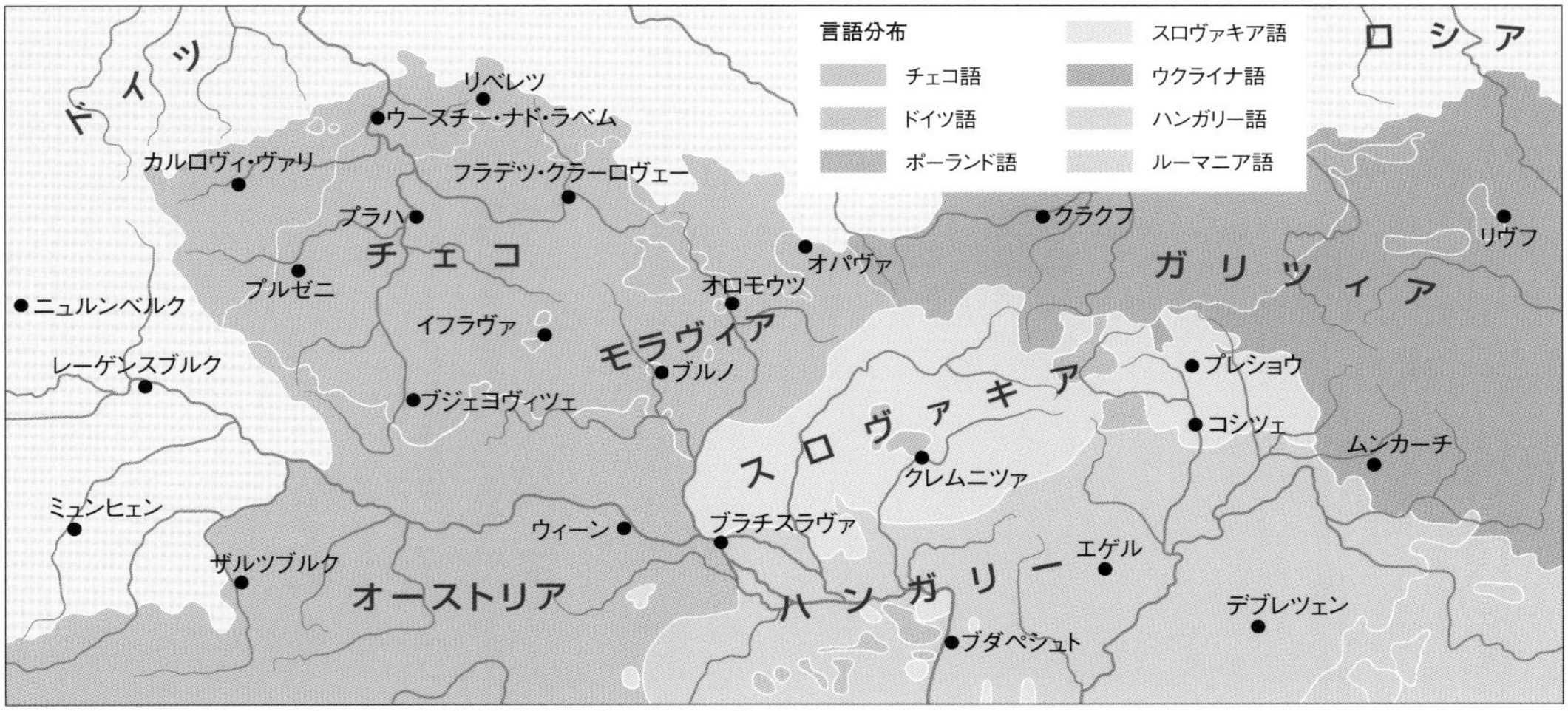

20世紀初頭のチェコ、スロヴァキアおよび周辺（オーストリア・ハンガリー二重君主国内）の言語分布 チェコとモラヴィアの周辺地域はドイツ語話者が多数を占める。スロヴァキア語とハンガリー語の境界はあいまいで、混住の地域も多かった。

問わずしだいに強まっていた。一八九九年にモラヴィアで、殺人事件の被疑者としてユダヤ人青年が逮捕され、「儀式殺人」の疑いをかけられるといういわゆるヒルスネル事件は、ユダヤ人に対する偏見の根強さを物語っている。これが根も葉もない迷信であることを論証したマサリクは、比較的リベラルな人たちからでさえ、「ユダヤ人の手先」として攻撃されたのであった。

二〇世紀を迎える頃のチェコやモラヴィアでは、国や社会の将来についてさまざまな思惑が入り乱れるなか、モダニズムと民族的ロマン主義が混交する独特な状況が生まれていた。プラハ本駅やプラハ市民会館のような公共建築がセセッション様式で建てられ、ミコラーシュ・アレシュは庶民的感覚の絵画やイラストで人気を集め、アロイス・イラーセクの歴史小説は大衆から大歓迎された。アルフォンス・ムハ（ミュシャ）はパリでポスター画家として大成功した後、プラハに戻ってからは民族主義的な作風に転じた。フランツ・カフカやマックス・ブロート、ライナー・マリア・リルケらは、ユダヤ人としての自らの存在を問いつつ執筆活動を続け、プラハ・ドイツ語文学という個性的なジャンルを作り出して後世に大きな影響を与えていくことになる。

［上］**失業者たち** 産業は急速に発達したとはいえ、人口の増大には追いつかなかった。都市には失業者があふれ、未知の世界に可能性を求めて新大陸へ渡っていく人たちも多かった。
［下］**デモ隊の衝突（1897年11月）** バデーニの言語令をきっかけに荒れ狂うデモ隊と、これを抑え込もうとする警官隊。

第8章

スロヴァキア国民社会の登場

スロヴァキア人としての自覚

　ハンガリー王国は、ハプスブルク家の支配を受け入れつつも、誇り高い貴族を中心に伝統の社会体制を守ってきたが、一八世紀も後半になると、この国にも時代の流れとしての啓蒙主義が押し寄せてきた。旧来の慣習にとらわれず、積極的な改革によって文化や生活水準を引き上げ、ハンガリーという国家をより強く統合し、強化していくべきという考えが、一部のマジャール人貴族や知識人の間に広まったのである。しかし現実には、マジャール人は王国住民の半数にも満たず、それ以外はスロヴァキア人、セルビア人、ルーマニア人など非マジャール系が占めている。そしてこうした人々の間でも、啓蒙主義に目覚めた知識人たちが現れた。

　民族としての自覚が生まれつつあったスロヴァキア人の場合、どのような言語を自分たち共通の文章語として用いるかという問題があり、これに最初にとりくんだのはアントン・ベルノラークをはじめとするカトリックの司祭や知識人たちであった。ベルノラークはトルナヴァやウィーンで学んだ後、一七八七年の『スラヴの文字に関する言語学的・批判的論説』などの著作で、西部スロヴァキア方言をもとにスロヴァキア語の文章語の確立という大事業にとりくんだ。ベルノラークを支持した司祭ユライ・ファーンドリは、トルナヴァのスロヴァキア学術協会を拠点に執筆活動を展開し、合わせて農耕、家畜飼育、養蜂などを対象に農村での啓蒙活動にも尽力したことで知られる。結果としては、ベルノラーク考案のスロヴァキア語文章語は、その使用が知識人に限られたこと、そして一七九〇年代に政治的締めつけが厳しくなったことなどのため、定着せずに終わった。しかしこの運動を機にスロヴァキア国民形成の過程が本格的に進み始めたという意味で、その功績は大きい。

　他方、寛容令で活動の自由を得たプロテスタント、特に福音派知識人は、礼拝で聖書チェコ語を用いていたという事情も手伝って、チェコ語の文章語をスロヴァキアでも普及させるべきだと考えた。スロヴァキア人としての自覚を維持しつつ、チェコ人とスロヴァキア人の一体性を強調したのである。ブラチスラヴァの福音派リツェウム（高等学院）が彼らの活動拠点であり、特に一八〇三年にこのリツェウム内に創設されたチェコ・スラヴ言語文学科は、ユライ・パルコヴィチらの指導下で多くの人材を育てた。パルコヴィチの協力者ボフスラウ・タブリツは、バンスカー・シチアウニツァなど中部スロヴァキアの鉱山都

1820年頃のブラチスラヴァ 19世紀初頭で人口約3万人の小都市。しかし1818年には初めてドナウ川を通って蒸気船が寄港し、39年から46年にかけてトルナヴァとの間に馬車鉄道も建設された。

市を拠点にして啓蒙活動に努めた。彼ら福音派の方針はカトリック知識人とは異なっていたが、学問・文化・生活の水準を引き上げることでスロヴァキア人としての自覚を促していこうとする点では共通していた。

スロヴァキア語文章語の採用

一八世紀から一九世紀への転換期にヨーロッパを揺るがした動乱は、スロヴァキアにもおよんだ。ブラチスラヴァはナポレオン軍の砲撃を浴び、ブラチスラヴァ郊外にそびえる、かつてオスマン帝国軍の猛攻にも墜ちなかったジェヴィーン城は、砲撃でひとたまりもなく廃墟になった。ブラチスラヴァ城もまた一八一一年に、失火で廃墟同然となった。

そしてウィーン体制時代に入ると、近代的市民社会の形成を求める声はヨーロッパ各地で強まりつつあった。それでも、伝統の貴族が強靭な力を維持するハンガリーでは、社会の動きは緩慢であった。帝国政府が作った土地台帳も十分には生かされず、農村は封建的性格を強く残していた。農民の負担は重く、貧しい農民は生活の糧を求めてしばしば行商に出かけた。

一八三一年、スロヴァキア東部のゼンプリーン県で起こった叛乱は、領主や役人への反感を募らせていた農民の間で一気に拡大した。政府は軍を出動させてこれを鎮圧し、首謀者とみなされた一一九人が処刑された。この事件が社会に与えた衝撃は大きく、ハンガリー上層部も改革の必要性を痛感し、セーチェニ・イシュトヴァーンなど改革派が発言力を強めた。こうしてハンガリーでも、強力な国家体制を確立して社会の近代化を進める運動が加速していったが、それは同時に、ハンガリーをマジャール人中心の国家として統合していく動きでもあった。

こうした状況への一つの対応として、スロヴァキアの特に福音派知識人の間で広まったのが、スラヴ系諸民族の連帯という思想である。代表者の一人パヴォル・ヨゼフ・シャファーリク（チェコ語ではシャファジーク）はチェコのパラツキーとも親交があり、一八三三年にプラハに移って、「チェコ博物館雑誌」の編集担当や大学図書館長として活動した。そして言語や歴史の研究をもとに、スロヴァキア人という独自の民族の存在を主張しつつ、チェコ人とスロヴァキア人の連携を訴え、両

［上］**ベルノラーク**（1762 〜 1813）カトリックの司祭としての職務に務めるかたわら、ブラチスラヴァのセミナリア（聖職者養成学校）を拠点に言語の研究にとりくんだ。写真はブラチスラヴァ市内にある像。
［中］**ジェヴィーン城** ドナウ川とモラヴァ川の合流点にそびえる岩山の上には、すでにローマ帝国時代に城塞があった。1836 年にはシトゥールが友人たちとともにこの廃墟で国民への忠誠を誓ったという。
［下］**ガラスの行商人** 山がちで目立った産業の少ないスロヴァキアの庶民にとって、行商は重要な生活手段の一つであった。

［右］**シャファーリク**（**1795 ～ 1861**）東スロヴァキアのロジュニャヴァ近郊の生まれ。チェコやスロヴァキアの知識人たちと幅広く交流し、言語や歴史など学術研究を通じてスラヴ学の発展に大きく貢献した。
［左］**ヤーン・コラール**（**1793 ～ 1852**）マルティン近郊の生まれ。詩作や民間の文学・伝承の収集を続けながら、将来スラヴ人の偉大な世界が開けるという目標を追い続けた。

者が同じ文章語を用いることを主張した。

ドイツのイェナ大学で学んだヤーン・コラールは、さらに進んでスラヴ人相互交流という壮大な理念を唱えた。やはりチェコ人とスロヴァキア人の言語的一体性を主張し、その上でロシア人、ポーランド人、チェコスロヴァキア人、イリリア人（南スラヴ人）が協力し合ってスラヴ人という大民族を作り上げるという構想である。コラールはさらに、自身の体験とも重ね合わせた大作『スラーヴァの娘』など、詩作においても活躍した。コラールの雄大でロマンティシズムあふれる相互交流理念は、多くのスロヴァキア人を惹きつけて民族的自覚を高めたという点で意義は大きかったが、必ずしも現実にそぐわず、特にチェコ人とスロヴァキア人共通の言語を考案するのは難しかった。

一八三〇年代後半以降、こうした問題を乗り越え、独自のスロヴァキア語文章語を新たに制定しようとする人たちが、ブラチスラヴァのリツェウムを中心に現れた。中心となったのが一八一五年生まれのリュドヴィート・シトゥールである。福音派牧師の子として生まれ、リツェウムで頭角を現し、ドイツのハレに留学した後、一八四三年に友人のヨゼフ・ミロスラウ・フルバン、ミハル・ミロスラウ・ホジャとともに、スロヴァキア語の文章語を作る方針を固めた。その三年後には文法書を完成させ、やはり自分たちが中心となって組織した文化団体タトリーンから多くの書籍を出版して、新たな文章語の普及に努めた。これは、広くスロヴァキア全体で用いられるようにとの意図から、中部スロヴァキア方言を基礎としていた。マジャール人のように強力な貴族階層を持たないスロヴァキア人は、都市や農村の一般民衆に訴えかけることで国民としての自覚を広めていく必要があったのである。

［上］**シトゥール**（**1815 ～ 56**）当初はコラールの理念に共鳴していたが、後にこれが現実的でないことを悟り、スロヴァキア独自の言語の制定に尽力。1845 年創刊の「スロヴァキア国民新聞」などを通じて政治的にも発言を続けた。
［下］**ヨゼフ・ミロスラウ・フルバン**（**1817 ～ 88**）福音派の牧師を務めつつ、著作や政治活動でも活躍。後にはマチツァ・スロヴェンスカー創設メンバーの一人となり、ハンガリー政府に対抗してスロヴァキア人の権利を主張した。

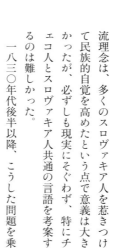

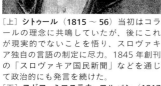

こうする間にも、ハンガリーの「マジャール化」は進んでいた。ウィーンの皇帝政府による集権化に対抗して、マジャール人貴族、市民、知識人たちが積極的な活動を展開し、コシュート・ラヨシュら急進的指導者の下、自らの手で社会改革を試みた。そしてその一環としてハンガリー議会は、役所や教会の言語をハンガリー語に限定するなどの法令を定めた。シトゥールらスロヴァキアの知識人も、民衆への働きかけを重視し、農民の状況改善をめざすなど、社会改革を志向する点ではハンガリーの運動と同じ立場に立っていたといえる。しかしハンガリーをマジャール人の単一民族国家にするという方針は受け入れられなかった。

スロヴァキア側の対応として、一八四七年のタトリーンの大会において、シトゥールが考案したスロヴァキア語文章語の採用が正式に決められたことの意味は大きかった。同年、シトゥールはハンガリー議会の議員に選出され、年末からブラチスラヴァで開催された議会において、コシュートらマジャール人議員たちとの論戦を繰り広げた。

ミハル・ミロスラウ・ホジャ（1811～70） 福音派の牧師。1848年革命では「スロヴァキア国民の請願書」起草に加わるなど積極的に活動したが、革命の敗北後は主に福音派の学校改革などに専念した。

ハンガリーの革命とスロヴァキア人

一八四八年二月、パリで革命が生じたという報が届いたのは、ブラチスラヴァでまさにこうした議論が戦わされている最中であった。この後、保守的な体制を打倒して自由で平等な国民からなる国家を建設しようとする運動が各地で連鎖反応的に起こり、ヨーロッパはいわゆる一八四八年革命に突入する。なかでも特に劇的な革命と動乱にいたったのがハンガリーであり、当然ながらスロヴァキア人もまたこれに関わらざるをえなかった。

三月にウィーンでも革命が生じて皇帝政府が民衆の改革要求に譲歩したのを受けて、ハンガリーでも革命的な要求が次々と打ち出された。議会は隷農制廃止を決議し、さらに王国独自の内閣が組織されて皇帝政府の承認を得た。シトゥールらスロヴァキア人は、社会改革の実現を歓迎したが、マジャール化を進めるハンガリー政府との対決は必然的であった。

スロヴァキア人独自の運動は、各地で集会を開いて民衆を取り込む形で進められた。その成果が、五月一一日に中部スロヴァキアの小都市リプトウスキー・スヴェティー・ミクラーシュで採択された「スロヴァキア国民の請願書」である。これは、普通選挙など民主的改革のほか、スロヴァキア人が民族として承認されること、ハンガリーが平等な諸民族からなる国家に改編されることなどを訴えるものであった。請願書はハンガリー政府に提出されたが拒絶され、逆にシトゥール、フルバン、ホジャに逮捕状が出されたため、三人はチェコに逃れた。プラハでスラヴ会議に参加した彼らに対し、チェコ人側からはチェコとスロヴァキアの統合案が示されたが、シトゥールらはあくまでハンガリー王国内部で自

ハンガリー議会で演説するシトゥール ズヴォレン市選出の議員として議会に出席。隷農制の廃止、憲法による人民の権利確定、貴族の特権廃止、法の前の平等、国内のすべての民族の同権などを訴えた。

治を勝ち取る路線を主張した。

　プラハに蜂起が生じたためにスラヴ会議がやむなく解散した後、シトゥールらはウィーンに拠点を移し、ここでスロヴァキア国民評議会を結成した。そして志願兵を集め、一八四八年冬および翌年夏の二度にわたってスロヴァキアで軍事行動を展開したが、これはすでに、ハンガリー革命政府打倒をめざす皇帝政府に協力したという性格が強かった。また、オロモウツに難を避けていた皇帝に請願書が提出され、スロヴァキアをハンガリーから切り離して帝国に直属させることなどが提案されたが、ほとんど成果は得られなかった。帝国を分権化させる案はどのような形であれ、皇帝政府の受け入れるところではなかったのである。

　ハンガリーの革命政府は独自の国防軍を組織して戦闘に臨み、一八四九年四月には帝国からの独立を宣言した。しかしすでに態勢を立てなおしていた皇帝政府は、ロシアの援軍も得てこの年の夏には革命政府を壊滅させ、完全な支配権を取り戻した。これとともに、スロヴァキアが自治を獲得する可能性もまた消え去った。

自立を目指して

　一八四九年に始まるいわゆる新絶対主義の時代には、皇帝政府によりあらゆる革命運動は徹底して抑え込まれ、マジャール人とスロヴァキア人の区別なく、運動家たちは沈黙を強いられた。隷農制が廃止され、近代化の前提条件が作られた点はオーストリアやチェコと同じであったが、分権化や自治を求める動きは一切封じられた。スロヴァキアの役所や初等学校でのスロヴァキア語の使用は認められたが、政治的要求が実現する見通しはまったくなかった。

　この時期にスロヴァキア人が達成したほぼ唯一の成果は、一八五一年にブラチスラヴァで指導者たちが集まり、シトゥールの作成した文章語をさらに普及させるために修正を施すことで合意が成立し、正式なスロヴァキア語が最終的に確定したことである。シトゥールはブラチスラヴァ郊外のモドラーに移り、著述に専念したが、狩猟の際の事故がもとで、一八五六年に四〇歳の若さで世を去った。

　一八五九年のイタリア独立戦争における敗北以降、皇帝政府が帝国内各勢力との妥協を模索し始めたことは、スロヴァキア人にとって追い風になると思われた。しかし一八六〇年の十月勅書をきっかけに進みだしたのは、最終的に六七年の二重制成立にいたる、自立したハンガリー国家を創る動きであった。王国議会を再開させたハンガリーでは、かつての革命運動家たちが勢いを取り戻し、自由主義志向の貴族デアーク・フェレンツらを中心に体制作りが進められた。

　スロヴァキア人の側も積極的な動きを見せた。一八四八年の運動における指導者の一人シチェファン・マルコ・ダクスネルは、「スロヴァキアの見解」をしたためて関係者たちに送付し、その同志ヤーン・フランツィスツィは「ペシュト・ブダ報知」（ブダとペシュトは一八七三年に統合されてブダペシュトとなるまで、別の都市であった）を発行して公論に訴えた。

　そして一八六一年六月六日から七日にかけて、中部スロヴァキアのトゥルチアンスキー・スヴェティー・マルティン（以下マルティンと記す）でスロヴァキア各界代表者を広く集めた国民大会が開かれ、ここで「スロヴァキア国民のメモランダム（覚書）」が採択された。内容は、スロヴァキア国民の存在が認められること、スロヴァキア国民は独自の領域を有すること、そこでは官庁においてスロヴァキア語が用いられることなどであった。しかしハンガリー王国内にスロヴァキアという独自領域の存在を認めるこのメモランダムを、ハンガリー議会は当然ながら受け入れなかった。同年末には、やはりスロヴァキア人の政治的自立を求めたメモランダムが皇帝に提出されたが、ハンガリーの政治家たちとの困難な交渉のさなかにあった皇帝政府からは、曖昧な回答しか得られなかった。

　結果としてメモランダム運動自体は成果なく終わったが、この文書はその後、半世紀にわたって、自立を志すスロヴァキア人の基本綱領となった。そして山奥の盆地に位置する人口わずか三〇〇〇人ほどの小都市マルティンは、スロヴァキア人にとっていわば精神的な首都のような場所となった。

スロヴァキア人の努力は文化・教育の方面に向けられ、中部スロヴァキアのレヴーツァなどにスロヴァキア語のギムナジウムが創られた。そして一八六三年八月四日、マルティンで文化団体マチツァ・スロヴェンスカーが創設され、会長にはカトリックの司教シチェファン・モイゼスが就任した。この頃、セルビア、チェコ、クロアティアなど他のスラヴ人諸地域では、マチツァと呼ばれる文化振興のための団体が創られており、スロヴァキア人もこれに倣ったのである。スロヴァキア各地からこのために多くの寄付が集まり、皇帝もこれを支援した。発足の年一八六三年は、かつてモラヴィア国にキュリロスとメトディオスが到着してから一〇〇〇年目の記念すべき年でもあった。マチツァの主な役割は、文化活動や、言語学、歴史学、民俗学、自然科学など学術研究の組織・支援であり、学術誌として『マチツァ・スロヴェンスカー年報』が発行された。このスロヴァキアのマチツァは、のちにハンガリー政府によって閉鎖されてしまうが、創設を祝う八月の祭典はその後も続けられた。

シチェファン・モイゼス（1796〜1869）ブダペシュトやザグレブで司祭および教師を務めた後、バンスカー・ビストリツァ司教となる。マチツァ・スロヴェンスカー初代会長に選ばれ政治・文化活動を率いた。

［上］**「スロヴァキア国民の覚書」採択を記念するレリーフ**「覚書」が採択されたマルティンの広場に1991年に設置されたもの。
［中］**マチツァ・スロヴェンスカー（成立当初の本部の建物）** マルティン市内に1865年に建てられた。その後、各種の行政機関などによって利用された後、現在は文学博物館の展示会場となっている。
［下］**マルティンの風景** 19世紀前半まではごくささやかな集落に過ぎなかったが、その後、政治や文化の中心となった。第二次大戦中には、スロヴァキア国民蜂起（第9章）の拠点にもなった。

汎スラヴ主義

一八六七年、オーストリア・ハンガリーの二重制が発足したことで、メモランダムの要求実現の可能性はさらに遠のいた。もはや、ウィーンの皇帝政府に期待するのは幻想であり、ハンガリー政府と交渉しつつ、実現可能な要求から始めるべきだとするグループも登場し、彼らはメモランダムを支持する「旧派」に対して「新派」と呼ばれた。しかしハンガリー政府部内に、スロヴァキア人の政治的意向を受け入れようとする人々はほとんどいなかったので、新派の運動も長くは続かなかった。

二重制によって自立をほぼ達成したといえるハンガリーだが、多くの民族から成り立つこの国でどのような国民社会を創るのか、まだ模索中でもあった。中には、四八年革命の時のような行き過ぎを反省し、スラヴ人やルーマニア人にも民族としての存在を認め、複数の民族を総合した形でハンガリー国民を構想しようとする意見もないわけではなかった。しかし実際の政治のレベルでは、ハンガリーはマジャール人の単一民族国家でなければならず、進歩的なマジャール人が他の民族を指導し、マジャール化していくべきだとする意見が大勢を占めた。

一八六八年九月、ハンガリー政府は、中世以来同君連合の関係にあったクロアティアに一定の自立性を認めた。その上で同年一二月に議会で成立したのが「国民体法」である。これは王国を単一不可分のハンガリー国民から成る国家と規定し、ハンガリー語を唯一の正式言語とするものであった。ただし下級官庁や初等教育では現地語の使用が認められた。また結社の設立も認められるなど、社会体制としては自由主義理念に立脚していたため、スロヴァキア人が独自の活動を展開する余地も残されていた。

スロヴァキア人はただちにこれに対応した。「ペシュト・ブダ報知」編集部はブダペシュトからマルティンに移され、名称も「国民新聞」に変更された。「メモランダム」を行動理念とする人々は、マルティンを本拠に政治団体を形成してスロヴァキア国民党と名のり、ハンガリー議会議員ヴィリアム・パウリニ＝トートが党首となった。

しかしハンガリー政府や現地当局によるマジャール化政策は、時とともにしだいに強硬になっていった。スロヴァキア系ギムナジウムは次々と閉鎖に追い込まれ、一八七五年一一月にはマチツァ・スロヴェンスカーも閉鎖された。王国議会選挙ではさまざまな裏工作が行われて、スロヴァキア人議員の選出は妨害された。

スロヴァキア人が見出した方法の一つは、外部勢力との関係強化であった。選挙におけるセルビア人やルーマニア人との共闘には一定の効果があり、また東欧へのロシアの勢力拡大に期待する人々もいた。

ここで重要なのがチェコ人との提携である。オーストリア側に属し、はるかに自由な活動を展開するチェコ人との提携にスロヴァキア人は期待した。チェコ側では、スロヴァキア人について必ずしも正確に理解している人々ばかりではなかったにせよ、やはりこの東の隣人に対する注目が高まっていた。プラハでは一八八二年に、スロヴァキア人留学生を中心とした団体ジェトヴァンが成立した。一八九六年にはチェコ・スラヴ協会が創られて、スロヴァキア人のチェコ留学への支援や、スロヴァキアの文化活動への協力などの事業を推進した。この協会は一九〇八年にモラヴィア東部の温泉町ルハチョヴィツェで、チェコ人とスロヴァキア人の政治家、企業家、文化人たちを集めて会合を開いた。これは第一次大戦が始まるまで毎年開かれ、一九一三年には参加者三〇〇名に達した。ハンガリー政府はこの「汎スラヴ主義」的行事を警戒し、密かにその動向を監視した。

世紀転換期の状況

こうして一九世紀末になると、広く社会全体をとりこんだ形でスロヴァキア人という国民の存在が明確になっていたが、それは同時に政治的な方向性に関する見解の相違をも生じさせた。中心勢力はなおもスロヴァキア国民党であったが、あくまで「メモランダム」を理念として掲げ、具体的・積極的戦術には消極的な国民党に対しては批判的なグループも登場した。

その一つは社会問題に積極的関心を示すカトリック聖職者たちである。基本的にはハンガリーのカトリック人民党の組織下で活動していたが、中にはアンドレイ・フリンカのようにスロヴァキア人としての強い自覚を持って行動し、党組織としだいに対立する人物も現れた。一九〇七年にルジョンベロク近郊のチェルノヴァーで、新しく建てられた教会の聖別をめぐって住民と当局が衝突し、武力弾圧によって一五名が犠牲になった事件は、その渦中の人物としてのフリンカの名を高めた。

もう一つはプラハのジェトヴァンともつながりのあるリベラル派であり、そこにはマサリクの影響も強かった。月刊誌「声（フラス）」を主要なメディアとする彼らはフラス派と呼ばれ、ルジョンベロクの医者ヴァヴロ・シロバールがその中からしだいに頭角を現した。

［上］**ジェトヴァンのメンバーたち** 本来、プラハ大学のチェコ語部門で学ぶスロヴァキア人たちの団体であったが、大学以外にも範囲を広げ、スロヴァキアの生活や文化に関する理解を広めた。
［下］**ルハチョヴィツェに集まった人たち** 風光明媚な山間の温泉地にチェコとスロヴァキアから多彩な人士が集まった。中央に座るのは詩人のアドルフ・ヘイドゥク。

また、近代産業の発達に関しては後発的であったスロヴァキアにも、しだいに労働者が階層として登場しつつあった。彼らはハンガリー社会民主党の組織下にあったが、一九〇五年にスロヴァキア社会民主党を結成し、独自路線を追求し始めた。

スロヴァキア人は、オーストリア側ですでに実現していた普通選挙をハンガリーでも要求したが、現行の選挙制度がマジャール人貴族や有力者に有利に作られている以上、その実現は難しかった。この普通選挙運動などを通じて存在感を強めたのがミハル・ミロスラウ・ホジャの甥ミラン・ホジャである。ホジャはフラス派の主要メンバーであったが、国民党や人民党の政治家ともつながりを保ち、また農村住民の組織化を積極的に進めたことでも知られる。一九〇五年からハンガリー議会議員となり、ハンガリーを、すべての民族が平等に共存できる民主的国家に改編していくことを主張した。またホジャは、二重制を

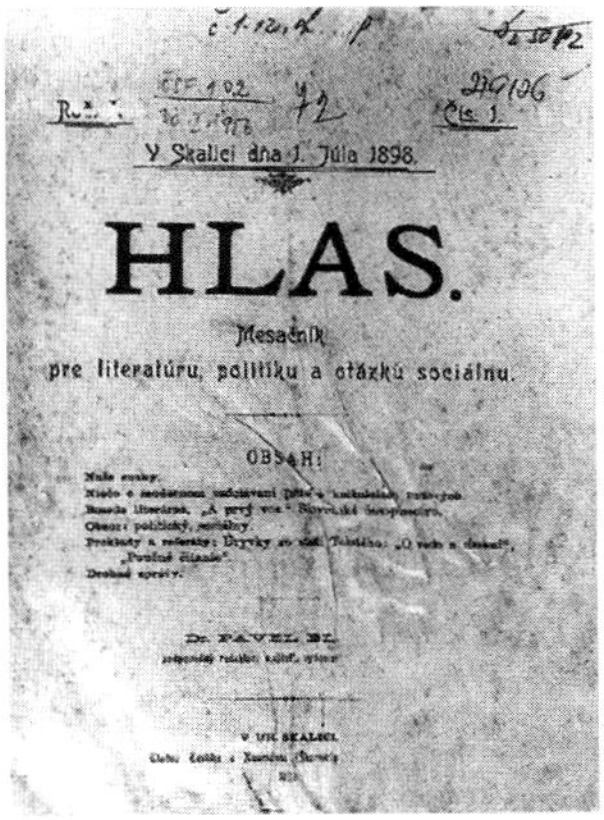

V. Skalici dňa 1. Júla 1898.

HLAS.

Mesačník pre literatúru, politiku a otázku sociálnu.

OBSAH:

「フラス」の表紙 1898年から1904年にかけて刊行され、チェコ人とスロヴァキア人の提携、スロヴァキアの文化活動や政治活動の推進を訴えた。

批判する皇位継承者フランツ・フェルディナントとも近い関係にあった。

ここで、第六章で触れたルシーン人のその後の動向についても見ておかなければならない。ハンガリーの北東部などに住み、大部分がギリシア・カトリック教会に所属するルシーン人は、一八四八年革命に際して、隷農制が廃止されたことを歓迎したが、それ以上は特に動きを示さなかった。活発な運動を始めたのは革命後である。一八四九年一〇月にウィーンでルシーン人代表が提出したメモランダムに対して皇帝政府は好意的反応を示し、ルシーン人の役人の採用や、役所におけるルシーン人独自の言語の使用が認められるなどの成果をあげた。スロヴァキア東部の都市プレショウはルシーン人の文化活動の拠点となり、書籍や雑誌の出版も盛んになった。一九世紀後半にはその民族的自覚も徐々に強められたが、二重制の成立によって、ルシーン人の居住域がオーストリア側に属するガリツィアとハンガリー王国に分かれる形になったことが、統一行動を難しくする要因になった。

社会の近代化と移民

基本的に農業国であったハンガリーも、二重制成立後は近代産業育成が進んだ。上部ハンガリーの工業部門として伝統的に盛んだったのは製鉄、製材、繊維、ガラス、製紙などである。水力が動力源として役立っていたが、蒸気機関が普及するに従い、工場は山間部から平地の都市部に移動し、大規模化した。一九世紀半ばに始まる鉄道建設は製鉄業の発展を、製鉄業は石炭の生産拡大を促した。ブラチスラヴァ、ジリナ、コシツェを結ぶ幹線を始め、鉄道網の大半は一九世紀末には完成していた。

中部の幹線上の都市ルジョンベロクは有数の工業都市に発展し、第一次大戦直前には数千人を雇用する大規模な繊維会社も存在した。ブラチスラヴァもまだこの段階では小規模な都市であったが、製油、繊維、ゴム、武器、

20 世紀初頭のスロヴァキアの鉱工業 近代工業の発達とともに、ブラチスラヴァ、ルチェネツ、コシツェなどが地域産業の拠点として重要な役割を果たすようになっていった。

鉄道の発達 馬車あるいはいかだによる河川交通が主流であったスロヴァキアの山間部にも、機関車の汽笛が鳴り響くようになった。フロンスカー・ドゥーブラヴァ付近（1890 年頃）。

チョコレートなどの工場が建てられて、近代的産業都市へと少しずつ姿を変えていった。資金面でこうした活動を支える機関として、マルティンで一八六八年に貯蓄銀行が設立され、一八八五年にはタトラ銀行が登場したが、いまだ零細な金融機関であった。

二重制の時代には、スロヴァキアの文化向上をめざす動きも盛んになり、一八六九年に婦人協会ジヴェナが、翌年には聖ヴォイチェフ協会が創設されて、啓蒙活動で大きな功績をあげた。文学活動も散文、韻文の双方で活発になり、なかでもパヴォル・オルサーグ・

ブラチスラヴァ 城から旧市街方面を望む。19世紀の間にスロヴァキアの中心として大いに発展し、1910年には人口9万3000人を数えた。現在は40万人を超え、郊外に高層ビルの建設が進む。

フヴィエズドスラウは現在、スロヴァキアの国民詩人としての地位を確立している。独創性に富んだ成果が生み出されたのは建築の分野で、特にドゥシャン・ユルコヴィチは、農村家屋の要素を大胆に取り入れたセセッション様式の作品で知られる。彼は第一次大戦以前は主にチェコやモラヴィアで活躍し、特にルハチョヴィツェの一連の温泉施設にその個性的な作風を見ることができる。

社会の変化に伴って生じたのが移民の増加である。隷農制廃止後も、山間部の零細な農民の生活は変わらず、短期間の労働を求めて

フヴィエズドスラウ（1849～1921） 古い世代のロマンティシズムに対してリアリズムを唱え、文学的表現手段としてのスロヴァキア語の可能性を追い求めた。チェコ人との提携にも積極的であった。

都市部に出る人々は多かったが、一九世紀後半には、労働者として都市に住み着く人々も急増した。二〇世紀初頭のブダペシュトでは一〇万人近く、オーストリア側には約七万人のスロヴァキア人が住んでいた。

さらに世紀転換期には合衆国やカナダへの移民が目立って増加し、スロヴァキア東部や北部の出身者が特に多かった。当初は男性が単身で渡航し、数年後に帰国する場合が多かったが、そのまま定住する例もしだいに増えていった。第一次大戦前の数十年間で、人口の五分の一にあたる約五〇万人が移住したと見積もられている。鉱山労働者の需要が多いペンシルヴェニア州への移住者が最も多く、ピッツバーグは合衆国のスロヴァキア人の拠点となり、教育や文化事業などコミュニティ活動が盛んであった。一九〇七年にはクリーヴランドにスロヴァキア人連盟が結成されて、本国の運動を支援し、後にチェコスロヴァキアが独立する際に重要な役割を果たした。

このように、二〇世紀を迎える頃には、スロヴァキア人の新たな国民社会が明確な姿を現していた。しかしハンガリー王国の体制では彼らは十分な政治的権利を与えられず、どこがスロヴァキア人の領域なのか、その範囲も定まっていなかった。一九一四年から四年間続いた第一次大戦により、この地域にはまったく新たな体制が築かれることになる。

第9章

共和国の成立・解体・再興

東部戦線 ロシア軍の攻撃に備えるブラチスラヴァ第72連隊。同じスラヴ系のロシア人と戦うことに気乗りのしない兵士たちも多かった。1914年10月の写真。

チェコスロヴァキア建設の構想

一九一四年六月二八日にオーストリア・ハンガリー帝国の皇位継承者フランツ・フェルディナントがサライェヴォで暗殺され、七月二八日に帝国はセルビアに対して宣戦布告した。その後各国が参戦し、ヨーロッパは、ドイツとオーストリア・ハンガリーを中心とする中欧同盟国側、そしてイギリス、フランス、ロシアを中心とする協商国側に分かれて戦う第一次大戦に突入した。当初、この戦争がヨーロッパの体制を根本から覆すことを予想した人は少なく、チェコやスロヴァキアでも、今度の戦争でようやくハプスブルク帝国は平等な諸民族から成る連邦国家に改編されることが期待された程度であった。

しかし東方から迫るロシアに期待する声も一部にあり、前線の兵士たちがロシア側に投降する例も見られた。青年チェコ党党首のクラマーシュやラシーンらは、ロシアを盟主とする「スラヴ人帝国」が登場し、チェコが自治王国としてこれに加わるという構想を抱いたが、彼らは反逆罪の嫌疑で逮捕されて死刑判決を下された。刑は執行されず、二人は後に釈放されたが、親ロシア的活動は鳴りをひそめた。

戦争は予期に反して長期戦となり、一九一六年頃からは物資の窮乏と社会不安が深刻化した。そしてオーストリア・ハンガリーの戦争遂行能力にも人々は疑問を抱き始め、このままでは主導権はドイツに握られるという恐れも現実味を帯びてきた。この状況で浮上したのが、マサリクらによる独立国家チェコスロヴァキア建設の構想である。

マサリクは戦争開始後まもなく西側へ亡命し、イギリスやフランスに支援を求めた。西欧で様々な学問を修めたエドゥアルト・ベネシュ、またスロヴァキアの天文学者でフランス国籍を持つシチェファーニクらがこれに加わり、彼らを中心に一九一六年二月にパリでチェコスロヴァキア国民評議会が設立された。しかし協商国側は当初、単独講和によってオーストリア・ハンガリー帝国を維持する方針であったため、マサリクらの活動に必ずしも好意的ではなかった。一九一八年一月にアメリカ大統領ウィルソンが発表した「一四カ条」でさえ、オーストリア・ハンガリー帝国の諸民族には「最大限の自治が与えられるべき」と述べているだけであった。

マサリクらの活動を強力に支援したのは、

アメリカ合衆国に渡っていた移民たちである。チェコ人とスロヴァキア人の移民組織は一九一五年一〇月にクリーヴランド協定を締結して、連邦国家チェコスロヴァキア創設への支持を表明しており、特に資金面で亡命者たちの活動を大きく支えた。

そしてロシア情勢が新たな展開をもたらした。ロシアではチェコ人やスロヴァキア人の投降者や捕虜をもとに部隊が編成され、一部の戦闘に投入されていた。しかし一九一七年一〇月に革命によって成立したボリシェヴィキ政権が、翌年三月にドイツと単独講和を結んだため、この部隊の処遇が問題となった。彼らはシベリア鉄道経由で極東へ、さらに海路でヨーロッパの西部戦線へ投入されることになったが、その移動の途上、一九一八年五月に他の中欧諸国の捕虜たちと衝突したのをきっかけに軍事行動を起こし、シベリア鉄道のかなりの部分を掌握してしまったのである。この「チェコスロヴァキア軍団事件」（シベリア出兵）は、日本政府などによる武力干渉の口実とされたことでも有名だが、チェコとスロヴァキアの国際的注目度を一躍高め、独立国家建設への道を大きく開いたという重要な意義がある。この後、フランス、イギリス、アメリカが次々と、マサリクらの国民評議会を正式代表として承認していった。

［上］**シチェファーニク（1880～1919、中央の軍服姿）と在アメリカ合衆国のチェコ人・スロヴァキア人代表たち（1917年ワシントン）** 建国の功労者シチェファーニクは、帰国の際、1919年5月4日に飛行機事故で生涯を閉じた。
［下］**チェコスロヴァキア軍団** チェコ人・スロヴァキア人捕虜を中心に多様な出身の人々から構成された約5万人の軍。武装列車を駆使して、一時はヴォルガ川流域からシベリア一帯までを占領した。

独立宣言と承認

こうした国外の情勢に呼応して、チェコでは、帝国議会のチェコ人議員たちを基盤とした国民委員会が組織され、クラマーシュを議長として本格的な活動を開始した。五月にはアメリカでマサリクらが移民組織との間で、スロヴァキアが自治権をもつ連邦国家創設を内容とするピッツバーグ協定を結び、いよいよ本格的な国家建設の態勢に入った。

オーストリア・ハンガリーは、一九一六年に即位したカール一世のもとで和平の可能性を探っていたが、一八年後半には帝国は事実上の解体過程に入っていた。一〇月一六日、皇帝が帝国の西側の連邦化を宣言すると、マサリクは対抗して一八日にアメリカでチェコスロヴァキア独立を宣言した。二七日に帝国政府が停戦を要請したのを受け、二八日にプラハで国民委員会がチェコスロヴァキア共和国建国を宣言し、ここにはスロヴァキアからシロバールも参加していた。三〇日にはスロヴァキアのマルティンでも指導者たちが集まって国民評議会が結成され、チェコ人との共同国家創設を宣言した。一一月一一日、皇帝カールは国事への関与を放棄し、ハプスブルク帝国はついに終焉の時を迎えた。一一月一三日、臨時憲法が制定されて臨時議会の設置が決められ、マサリクが大統領に選出された。

　新たな共和国は、この段階ではまだチェコ人とスロヴァキア人がいわば一方的に独立を宣言したものに過ぎなかったので、領土は未確定であり、国際的な承認もまだ先の話であった。チェコやモラヴィアのドイツ人はチェコスロヴァキアへの帰属を拒否し、ドイツ人地域がオーストリアに併合されることを主張したが、プラハ政府は一一月末までにチェコ全土をほぼ制圧した。しかし紛争は収まらず、一九一九年三月にはドイツ人デモ隊に憲兵隊が発砲する事件が起こった。犠牲者は四〇名程度とも五〇名程度ともいわれる。また、オーストリアとの国境線の最終確定までにはさらに数カ月を要した。

　スロヴァキアは一九一八年一一月初めの時点ではまだハンガリーの統治下にあったが、プラハ政府は軍を送り込んでこれを占領し、一九年初頭にはブラチスラヴァも支配下に収めた。ところが三月にハンガリーでクン・ベーラ率いるタナーチ（ソヴィエト）共和国が成立し、この年の夏にはこの政権が派遣した赤軍によってスロヴァキアの大半が再びハンガリーによって奪い返された。しかしパリで開かれていた講和会議が、戦前よりもはるかに縮小したハンガリーの領土を画定したため、ハンガリー政府もこれに従わざるを得なかった。七月にプラハ政府は再びスロヴァキア全土を掌握した。

　また、ハンガリーに属していたポトカルパツカー・ルスもパリ講和会議の決定によりチェコスロヴァキアの一部とされ、これによってソ連とハンガリーは切り離され、チェコスロヴァキアとルーマニアが国境を接することになった。シレジアの一部で石炭の産地であるチェシーンは、チェコスロヴァキアとポーランドの間で分割されることになったが、この国境線をめぐって両国間の潜在的な対立が続いた。チェコスロヴァキアの最終的な国境線は、一九一九年六月のヴェルサイユ講和条約、そして翌年六月にハンガリーとの講和を定めたトリアノン条約によって確定した。こうして登場したチェコスロヴァキアは、現在「第一共和国」という名称で呼ばれている。

ポトカルパツカー・ルスの木造教会 旧ハンガリー王国の北東部。カルパティア山脈のふもとに点在する木造教会は、その独特な姿で建築家たちの創作意欲をかきたてた。

マサリク（1850 ～ 1937）ウィーン大学哲学部で学び、プラハで大学教授となってからは果敢な言論活動で注目を浴びた。大統領に選出された時にはすでに68歳であったが、国民の期待を担い、17年間職務を遂行した。

チェコスロヴァキア第一共和国
ポトカルパツカー・ルスまで含めて東西に細長い領土。そこに住む住民も多様であった。

第一共和国

独立国家となったチェコとスロヴァキアの人々は、それまでとまったく異なる体制の下で生きることになった。まず共和政自体が未知の経験であった。両地域の人々は、ほぼ一〇〇〇年間続いた君主政と袂を分かち、国民自らが主体となって国を担う時代を迎えたのである。

チェコとスロヴァキアは、これまでハプスブルク帝国という広大な国家の一部であったが、突如として、ヨーロッパ東部に生まれた数多くの小国の一つとなった。政治的にも経済的にも、この国を安定的に維持していけるか否かは、周辺諸国との関係に大きく依存しており、外交が極めて重要な鍵になった。

そして新たな国家の主体は、全人口の約三分の二を占める「チェコスロヴァキア人」であり、その他は少数民族として位置づけられた。現実にはチェコ人とスロヴァキア人は別の民族であり、似ているとはいえ言語も異なることはすでに自明であったが、それにもかかわらず単一の民族として扱われたのは、何よりもこの国家が「チェコスロヴァキア人の国民国家」として登場したからである。また、仮に両者を分けた場合、二割強を占めるドイツ人が一割強のスロヴァキア人を上回ってしまうという理由もあった。ドイツ人以外にも、

チェコスロヴァキア、チェコ、スロヴァキアの人口と民族構成（1930年代、2010年代）

チェコスロヴァキア第一共和国の民族構成（1931年）	
チェコスロヴァキア人	66.9
ドイツ人	22.3
ハンガリー人	4.8
ウクライナ人・ロシア人	3.8
ユダヤ人	1.3
ポーランド人	0.6
その他	0.3

チェコ共和国の民族構成（2001年）	
チェコ人	90.4
モラヴィア人	3.7
スロヴァキア人	1.9
ポーランド人	0.5
ドイツ人	0.4
ウクライナ人	0.2
その他	2.9

スロヴァキア共和国の民族構成（2001年）	
スロヴァキア人	85.8
ハンガリー人	9.6
ロマ	1.8
チェコ人	0.7
ルシーン人	0.5
ウクライナ人	0.2
ドイツ人	0.1
その他	1.3

※数字は%
注：2001年のチェコ共和国の統計では、「モラヴィア人」という項目が設けられているが、モラヴィアでも多くの人々が「チェコ人」の項目を選択していると見られる。

共和国にはハンガリー人、ルシーン人などの少数民族がおり、またユダヤ人もこの国では一つの民族として認められた。少数民族の権利は法律で保障され、地域住民の二〇パーセントを少数民族が占める場合、彼らは学校や役所で固有の言語を用いることができた。

こうして多くの新たな原則の上に成立したチェコスロヴァキアだが、そこには一つの重大な問題があった。チェコ側は歴史的権利にもとづく国境線を維持することでドイツ人地域を取り込んだが、一方スロヴァキア側は「民族自決」を根拠に、自然的権利にもとづいてハンガリーから分離するという、相反する二つの原理の上に成り立っていたのである。この矛盾は後の国家運営に大きくのしかかっていくことになる。

チェコスロヴァキア第一共和国は、ほぼ二〇年間続いた。その間、政治的には民主的な議会政治が維持され、そのことが、早期に独裁体制や権威主義体制に移行した他の東欧諸国との違いとしてしばしば指摘される。それは間違いではないが、第一共和国時代の政治が、典型的な議会政治とは必ずしも言い切れない要素を含んでいたことも確かである。

一九二〇年二月に採択された正式な憲法により、定数三〇〇の下院と定数一五〇の上院からなる議会が設置され、議員は男女の普通選挙で選ばれた。大統領は議会によって選出され、三選は禁止されたが初代のマサリクだけは例外とされた。大統領が首相の任命権を持っていたが、議院内閣制の原則は守られた。

チェコではすでに第一次大戦以前から多数の政党が活動していたこともあり、第一共和国時代を通じて小党分立状態が続いた。一九二〇年四月に行われた総選挙の結果、労働者を代表する社会民主党と社会党、農民・地主を代表する農業党、カトリックを代表する人民党、そして青年チェコ党を継承する国民民主党が五大政党となり、これらの代表が事前に主要事項について了解をとりつける体制が作られた。この非公式な制度は数字の五にもとづくピェトカという名で呼ばれ、政治の安定には貢献したが、議会の存在意義を損ねるという批判も免れなかった。

この五大政党の中では農業党が最も広い利益を代表しており、党首シュヴェフラは一九二二年から二九年までのほぼ全期間にわたって首相を務めた。また、これらの政党のうち、社会民主党と農業党はチェコ人とスロヴァキア人から構成されていたが、その他は実質的にチェコ人の政党であった。

こうした政治システムを超越して、「建国の父」としての権威を維持し続けたのが大統領マサリクである。高い理念と学識を備えた哲人政治家として、そして独立の立役者として、すでにマサリクは国民の間で圧倒的な声望を得ていた。大統領府はプラハ城に置かれたが、マサリクはプラハ西郊にあるラーニの城館で過ごすことも多く、重要な政治家たちがしばしばここを訪れた。もちろんマサリクの理想は西欧的な民主主義であったが、国民がそのために十分に成熟するまでにはまだ時間がかかると考え、政党政治の原則を無視した決定を下すことも多かった。長年の協力者であるベネシュに一貫して外務大臣の任務を委ね続けたのもその一例である。マサリクの周辺には、有力な政治家、実業家、文化人などからなるグループが形成され、「城」を意味する「フラト」・グループと呼ばれた。また、このグループのメンバーの一人で、戦間期チェコを代表する作家でもあるカレル・チャペクを中心に金曜会と呼ばれるサークルが作られ、マサリクもしばしばこれに出席した。

新政府はさまざまな改革に取り組んだ。中でも重要なのは土地改革であり、一五〇ヘク

アントニーン・シュヴェフラ（1873-1933）
若い頃から農民運動の指導者として頭角を現し、第一共和国建国の功労者の一人となった。優れた政治的手腕を発揮してピェトカ体制をまとめあげ、共和国の安定に貢献した。

タール以上の農地および二五〇ヘクタール以上の一般の土地は没収されて中小農民に分配されることになった。大土地所有者にはドイツ人やマジャール人の貴族そして教会が多く、彼らはこの措置に不満であった。しかし改革の恩恵を被った人たちは、これらの少数民族の中にも存在した。

一九二〇年代前半にはヨーロッパ全体が戦後の不況に見舞われ、チェコスロヴァキアでも一時、失業者は労働人口の二二パーセントに達した。政府部内では、労働者保護や農民保護の方策をめぐって議論が生じたが、この結果として社会保障のシステムも整備された。

外交的には、チェコスロヴァキアはヴェルサイユ講和条約の厳格な履行の上に成り立つ国家であり、外相ベネシュはしばしば国際連盟本部のあるジュネーヴで活躍しつつ、国際情勢の安定のために奔走した。一九二一年にハプスブルク家のカール一世がハンガリーで王位復帰を試みた事件をきっかけに、チェコスロヴァキア、ルーマニア、ユーゴスラヴィアによるいわゆる小協商が成立したが、これはハンガリーの修正主義、すなわち失った領土の回復を求める運動に対する防備体制という性格が強い。さらに一九二四年には、ドイツの拡張主義を警戒するフランスとの同盟が成立し、その後の外交の基本方針となった。

一九二五年には、フスが処刑された七月六日を記念日とする案をめぐってローマ・カトリック教会と対立が生じ、ヴァティカンとの関係が絶たれるという事態に発展した。これは国内のカトリック勢力からも批判され、一九二八年にヴァティカンとの暫定協定が結ばれて当面の和解が成立した。

一九二〇年代後半に入り、チェコスロヴァキアが建国当初の課題を一通り乗り越えて国際的にも安定するにつれて、ドイツ人の間でも積極的な政治参加によって利益を引き出そうとする動きが現れた。その結果、一九二六年にドイツ人の農業者連盟、およびキリスト教社会人民党が入閣を果たした。

スロヴァキア人は、農業党や社会民主党のメンバーとして政権に加わっていたものの、共和国におけるスロヴァキアの位置づけは微妙な問題を投げかけていた。約束されていた自治は実現せず、スロヴァキアには政治的・経済的にチェコ人が優位となる状況に不満が生じていたのである。こうした声を受け止めてスロヴァキアの自治を強く主張したのが、かつてハンガリーからの自立運動の闘士であった司祭フリンカが率いるスロヴァキア人民党であった。政府もこれに対処し、不完全ながらスロヴァキアに独自の議会の設置を認める改革を打ち出したため、この党は一九二七年に政権に加わった。しかし一九二九年、副党首のトゥカが、雑誌に掲載した記事を理由に反逆罪およびスパイ罪で懲役刑を宣告さ

フリンカ（1864～1938） 中部スロヴァキアのルジョンベロク近郊の生まれ。当初はチェコ人とスロヴァキア人の一体性を主張したが、共和国成立後はスロヴァキアの自治獲得を求める運動の先頭に立った。

れたことをきっかけに、この党は短期間で政権を去ることになった。

第一共和国期の経済と文化の発展

わずか一〇数年の安定期しかなかったとはいえ、第一共和国は経済的にも好調であった。その背景には、各産業部門における積極的な技術革新と効率的な経営の展開がある。すでに戦前に大規模な機械メーカーに発展していたシュコダ製作所は、戦後はさらに規模を拡大させて機関車、タービン、武器などを生産し、一九二五年にはムラダー・ボレスラフにあった自動車会社も買収した。一九世紀末にモラヴィア東部のズリーンに生まれた靴工房バチャは、第一次大戦を契機に飛躍的に拡大し、ズリーンの街は労働者のための厚生施設なども備えた企業城下町となった。

都市の近代化も顕著であった。首都プラハは、一九二二年に郊外の市町村を合併していわゆる「大プラハ」を実現させ、その人口は拡大を続けて一九三〇年には八五万人を数え

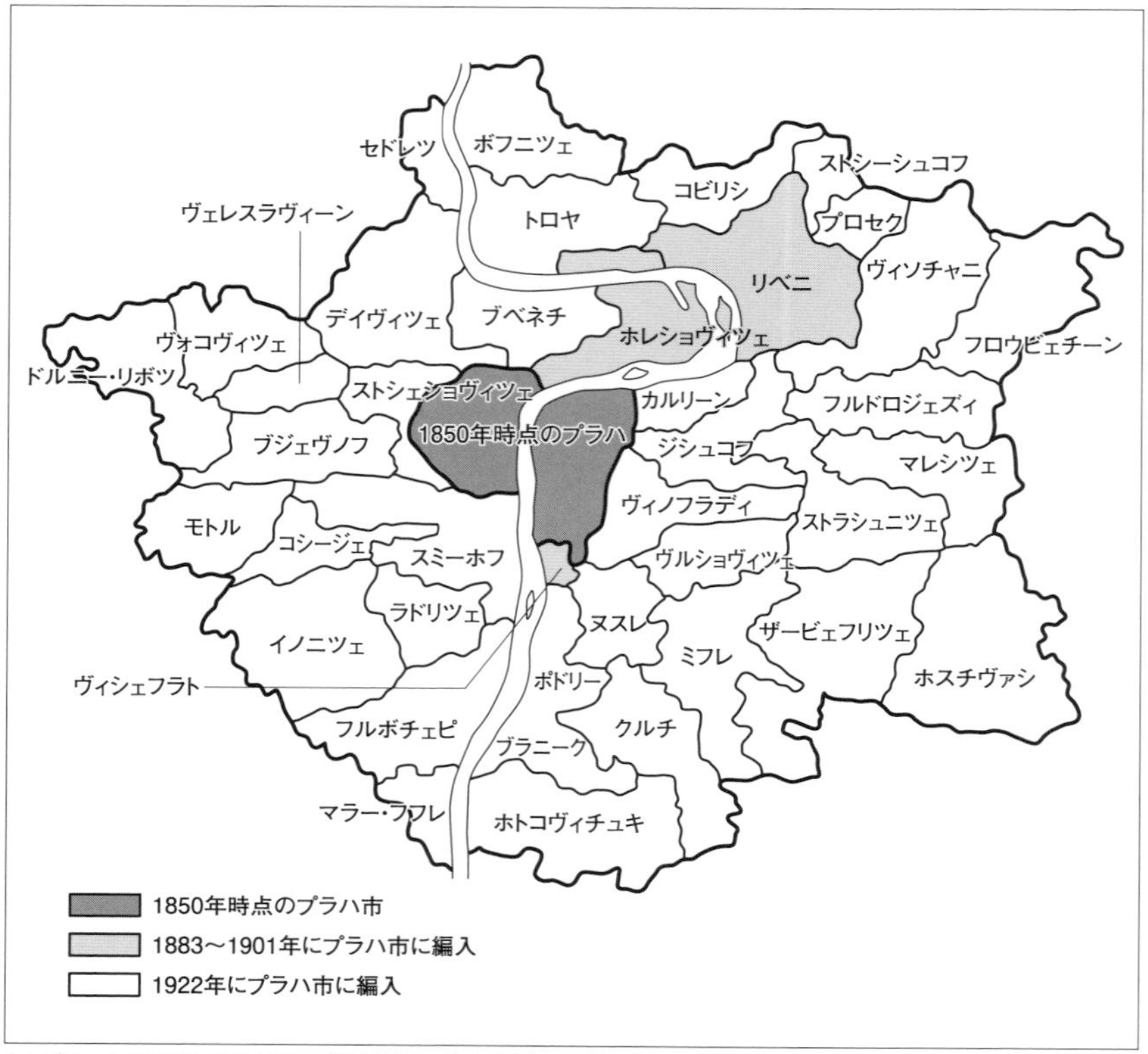

「大プラハ」の形成 市政統合の計画は第一次大戦前から進められていたが、周辺市町村の足並みがそろわず、1920年の「大プラハ法」によってようやく実現。1922年1月1日に発足した。

フラデツ・クラーロヴェーのマサリク広場
旧市街の西側に、放射状の街路を配した斬新な市街地が設けられた。広場の中央にマサリク像。背景はゴチャールによる旧イングランド・チェコスロヴァキア銀行の建物（1922～23年）。

た。中心部の歴史的市街地にも手が加えられて官庁や商業施設が立ち並び、水道、ガス、電気などのインフラも整備された。また郊外には中間層のための住宅地がいくつも造られた。田園都市構想にもとづいて計画され、映画館、スポーツ施設、図書館、病院などを備えた市街は今日でも見ることができる。

地方都市でも、人口増大に伴って市街地が拡大し、斬新な構想による都市計画が進められた。中世以来の市街地に隣接して、大胆なモダニズム建築を各所に配置した個性的なニュータウンを登場させたフラデッツ・クラーロヴェーなどがその好例である。

進取の気風あふれる自由な社会では、創作意欲も盛んであった。フラデッツ・クラーロヴェーの都市建設にもかかわったヤン・コチェラやヨゼフ・ゴチャール、そしてパヴェル・ヤナークなどによるモダンな建物が各地の都市景観を一新し、なかにはキュビスム建築と呼ばれる独特な外観の作品もある。スロヴェニア人建築家ヨシプ・プレチニクはプラハ城の改修などを手がけ、南欧風の気分を持ち込んだ。二〇年代末からは機能主義建築も登場し、ブルノのユダヤ人実業家のために建てられたトゥーゲントハート邸はその代表である。

文学においては、挿絵画家ラダの協力も得て兵士シュヴェイクという国民的キャラクターを生み出したヤロスラフ・ハシェク、機知に富んだ筆致で知られ、ジャーナリストとしても活躍したカレル・チャペク、その兄で作家、評論家、画家として多方面で活躍したヨゼフ・チャペクなど、多彩な才能があふれた。

ユダヤ人の多くはドイツ語文化圏に属し、チェコスロヴァキアの中では孤立しつつあったが、それでもプラハのユダヤ人人口は約三万人を数え、特に中心部では人口の約一割がユダヤ人であった。いわゆる「プラハ・ドイツ文学」の伝統はなおも受け継がれたが、ブロートやヴェルフェルなど代表的作家たちは

［上］**フラデッツ・クラーロヴェーの旧ラシーン・ギムナジウム（現ティル・ギムナジウム）** これもゴチャールの建築（1925 ～ 27）。正面に立つのは1925 年のパリ万博に出品されたヤン・シトゥルサ作「勝利像」。
［中］**プラハの聖心教会（1928 ～ 32）** プレチニクはプラハ市街地にも傑作を残した。ヴィノフラディの丘にそびえるこの教会は、地中海地方の初期キリスト教時代の教会にヒントを得ていると言われる。
［下］**トゥーゲントハート邸（ブルノ）** ドイツの建築家ミース・ファン・デア・ローエ作（1929～30）。ブルノの市街地を望む丘の上に位置し、周囲の美しい景観と大胆なガラス張りの邸宅が見事な調和を見せる。

しだいにこの国を離れていった。

音楽ではレオシュ・ヤナーチェクが主にモラヴィアを舞台に活動して強烈な個性を放つオペラを残し、ボフスラフ・マルティヌーはフランスなどで身に着けたモダンな作風で多くの傑作を残した。さらに、エルヴィン・シュールホフ、ヴィクトル・ウルマンなどユダヤ人作曲家の個性も際立っていたが、その多くは後にドイツのナチス政権による迫害の犠牲となった。

チャペク兄弟。兄ヨゼフ（1887〜1943、右）と弟カレル（1890〜1938、左）
カレルは劇作家、エッセイスト、ジャーナリストなど多彩な活動で知られる。ヨゼフも多方面で才能を発揮したが、第二次大戦末期にドイツのベルゲン収容所で死去した。

スロヴァキアの文化活動にも新たな時代が到来した。スロヴァキア語による教育システムが戦後いち早く整備され、一九一九年にブラチスラヴァにコメンスキー大学が創設されたことを、その背景としてあげなければならない。そうした教育機関では、一部チェコ人の助力も得て、独自の知識人や専門家が育てられた。一九一九年にはマチツァ・スロヴェンスカーも再興され、教育や啓蒙活動において重要な成果を上げていった。一九三〇年代に入る頃には、多くの作家たちが登場し、スロヴァキア語はすでに一国民の言語としての地位を確立していた。しかし、こうした国民的な自覚が、政治的な主張を強めていくのもまた必然的であった。

ミュンヒェン協定と共和国の解体

一九二九年に始まる世界恐慌、そしてそれに続くヨーロッパの激変がなければ、第一共和国は安定と繁栄を続けたであろうか。それは誰にもわからないにしても、この共和国が、国際環境の変化によってただちに露呈する重大な不安定要因を抱えていたことは確かである。

かつてのオーストリア・ハンガリー帝国の工業生産力のうち六〜七割を継承していたチェコスロヴァキアは、狭い国内市場だけに頼ることはできず、常に厳しい国際競争に立ち向かわなければならなかった。それだけに、一九三二年頃から表れた世界恐慌の影響は甚大であり、三三年の工業生産は二九年と比較して四〇パーセント下落し、失業者は公式統計では九〇万人以上、実際にはおそらく一三〇万人以上に達した。生活難のため抗議のデモやストライキが多発し、左右の両政治勢力が人々の不満を巧みに取り込んで支持をのばした。

伝統的工業地帯として日用品生産などが集中していたドイツ人地域の打撃はとりわけ大きかった。その不満を吸収したのが、一九三三年にコンラート・ヘンラインが結成したズデーテン・ドイツ郷土戦線である。ドイツ人地域ではナチス系の団体も活動していたが、これが政府によって禁止された後、もともと体育団体の指導者であったヘンラインが頭角を現した。郷土戦線は一九三五年にズデーテン・ドイツ党と改称した。ズデーテンは本来、チェコとシレジアの境界付近にある山岳地帯の名称であったが、この頃からチェコやモラヴィアに住むドイツ系住民全体の名称として「ズデーテン・ドイツ人」が定着したのである。スロヴァキア人も自治要求をさらに強め、フリンカは一九三二年に演説で「共和国が犠牲になろうと、民族（スロヴァキア人）を守る」と発言した。

チェコスロヴァキアがこうした分離主義の

危機にさらされている一方で、隣国ドイツでは、一九三三年に成立したヒトラーのナチス政権が再軍備を進め、ラインラントに進駐するなど、ヴェルサイユ体制を公然と否定する行動に出ていた。ゲルマン民族至上主義にもとづくドイツの拡大を危惧したチェコスロヴァキア政府はソ連の役割に期待し、一九三五年五月に両国の間に相互援助条約が結ばれた。

　同じ五月に、第一共和国で最後となる総選挙が行われたが、結果としてはズデーテン・ドイツ党が躍進して四四議席を獲得し、スロヴァキアの人民党も一九議席を得た。政治の安定を期待され、スロヴァキア人初の首相となった農業党のミラン・ホジャは、ドイツ人勢力を取り込むべく努力を重ねた。しかしヘンラインは要求をエスカレートさせ、ドイツのナチス政権にも接近し始めた。

　ヒトラーもまた、民族自決の原則を盾に、ドイツ第三帝国の外側に住むドイツ人を保護する意思を明確に示した。一九三八年三月にドイツはオーストリアを併合し、その拡張路線が次にチェコスロヴァキアに向かうことは明らかであった。ヒトラーと直接会談したヘンラインは、四月にカルロヴィ・ヴァリにおいて、ズデーテン・ドイツ人地域の画定とドイツ人による地方政府の設置を求めた。

　この困難な局面における国家運営は、一九三五年に辞任したマサリクを継いで第二代大統領となったベネシュの手に委ねられた。ベネシュは国際的な支援に期待したが、イギリスとフランスはいずれもヒトラーの要求を受け入れる融和路線に傾き、一九三八年九月二九日から三〇日にかけてイギリス、フランス、イタリア、ドイツ各首脳によって行われたミュンヒェン会談で、ズデーテン・ドイツ人地域のドイツへの割譲が決められた。ベネシュはその受け入れを表明した。チェコスロヴァキアが国際的に孤立し、結果として破滅することを避けるための判断であったが、このミ

ズデーテン・ドイツ党の躍進（1935 年） 元体操教師ヘンラインの奮戦にドイツ人勢力が喝采を送る。ヘンラインは 1945 年 5 月に、アメリカ軍に捕えられた後、自殺した。

ミラン・ホジャ（1878 ～ 1944）
ミラン・ミロスラウの甥。農民運動の指導者として注目され、共和国成立後は政治や社会の安定のために幅広く活躍。1938 年からは国外で活動を続けたが、故国に戻る希望はかなわなかった。

ュンヒェン協定は西側諸国に対する深い失望をチェコ人の間に植えつけた。また、チェコスロヴァキアはハンガリーとポーランドによる領土要求にも応じなければならなかった。ベネシュは一〇月五日に大統領を辞任して、間もなく国外へ去った。

　ミュンヒェン協定の結果登場した新たな体制は第二共和国と呼ばれる。共和国は領土の約三分の一を失い、資源と工業設備も大きく奪われた。国境線は、プラハから最短で約四〇キロメートルにまで迫った。大統領には、最高行政裁判所長官エミル・ハーハが選ばれた。またスロヴァキアとポトカルパツカー・ルスには自治が認められ、国名はチェコ・スロヴァキアに変更された。

　しかしこの体制も短命であった。スロヴァキアでは、一九三八年八月に死去したフリンカの後を継いでヨゼフ・ティソが人民党を率い、事実上唯一の合法政党として独裁的な政権を築いていた。プラハ政府はティソに対して国家への忠誠を求めたが受け入れられなかったため、一九三九年三月九日にティソを解任してスロヴァキアに軍を派遣した。ヒトラーは一三日にティソをベルリンに呼び出してスロヴァキア独立を宣言させ、これを受けてスロヴァキア議会も独立を宣言した。翌日にはハーハがベルリンに呼び出され、チェコを

プラハのドイツ軍
1939年3月15日の昼前、すでにプラハ城は占領され、同日夜にヒトラーはプラハに入った。写真は「国防の日」3月19日にヴァーツラフ広場で行われた閲兵式の様子。

新年の会見に臨む保護領大統領エミル・ハーハ（1872～1945、左）と首相アロイス・エリアーシュ（1890～1942、右）。1941年
ハーハは大統領の責務を果たすべく試みたが、その権限はほとんど奪われていた。大戦終了とともに捕えられ、直後に死去した。

ドイツの保護下に置くことを承認させられた。

三月一五日、ドイツ軍はチェコを占領し、翌日ヒトラーはチェコとモラヴィアを保護領とすると宣言した。スロヴァキア政府は二三日に、ドイツの保護国となる協定にサインした。

第二次大戦下のチェコとスロヴァキア

保護領チェコとモラヴィアは、事実上はドイツによる占領体制であった。総督に就任したノイラートは比較的穏健であったが、総督代理として一九四一年九月にプラハに着任したハイドリヒは徹底した弾圧の方針で臨んだ。抵抗運動との関係を疑われた者は、容赦なく捕らえて強制収容所に送りこまれた。軍人で首相を務めていたエリアーシュは抵抗運動を支援していたことを暴かれて捕らえられ、多くの関係者とともに一九四二年六月に処刑された。保護領の時代に強制収容所で処刑された、あるいは死亡したチェコ人は五万人を超えるとする説もある。この重苦しい体制の中、多くのチェコ人は、一九三九年九月に始まった第二次大戦の経過を見守りつつ、占領当局への表向きの従順を取り繕いつつ生きていく以外に方法はなかった。

ハイドリヒは一九四二年五月二七日、パラシュート部隊として送り込まれた二名の抵抗運動家により狙撃されて翌月死亡した。ヒトラーおよび、保護領の事実上の支配者となったカール・ヘルマン・フランクは、事件と関わったという口実を作ってリジツェとレジャーキの二つの村落を襲撃し、住民たちを虐殺した。ハイドリヒを殺害した二名はプラハ市内の正教の教会に隠れたが発見されて殺害され、かくまった主教たちも処刑された。

保護領において最大の犠牲者となったのはユダヤ人である。彼らは法的保護を失い、黄色の印着用の義務を課せられ、一九四一年一〇月からは絶滅収容所への移送が始められた。チェコとモラヴィアのユダヤ人が強制的に集められたプラハ北方の要塞都市テレジーンは、公式にはゲットーと呼ばれたが、実際には国外の絶滅収容所へ送られるための中継点であった。ユダヤ人の犠牲者についてはさまざまな数字があげられるが、一九三八年の時点でチェコやモラヴィアに住んでいた約一二万人のユダヤ人のうち、亡命した人々を含めて約四分の三が失われたと考えられている。

ユダヤ人に対するホロコースト（大量虐殺）に比べて、取り上げられることは少ないが、ロマもまたナチス政権による絶滅政策の対象となった。第二次大戦下のヨーロッパにおけるロマの犠牲者数は、二五万人とも五〇万人ともいわれ、その迫害の実態はいまだ明らかではない。しかしチェコとモラヴィアのロマもまた過酷な迫害を受けた事実は、近年少しずつ明らかにされつつある。

保護国スロヴァキアは、ドイツの衛星国ではあったが、独自の憲法を定め、人民党党首ティソが国家元首を務める国家であった。軍需に支えられて工業化が進み、経済は好調であった。教権的、権威主義的な体制であったとはいえ、スロヴァキア人が築いた初の独立国家として、現在でもその位置づけについては多くの議論がある。

スロヴァキアでも最大の犠牲者はユダヤ人であった。政府はドイツに手を貸す形で一九四二年にユダヤ人の移送を開始し、戦争末期にはドイツ当局が自らユダヤ人絶滅政策を推進した。保護国スロヴァキアのユダヤ人の犠

第二次大戦中のロマ迫害　チェコ中部のレティやモラヴィアのホドニーン・ウ・クンシュタートゥ（写真）にロマ専用の強制収容所が作られ、ここからさらにドイツの強制収容所に多くのロマが送られた。

第二次大戦中のチェコ・モラヴィアとスロヴァキア
チェコとモラヴィアは国境沿いの地域をドイツに割譲し、残る部分も 1939 年に保護領となった。スロヴァキアもまた多くの領土をハンガリーに割譲し、残る部分は独立国となったが、ほぼドイツの傀儡国家であった。

牲者は約七万人と推定されている。

亡命したベネシュらは、一九三九年一一月にパリでチェコスロヴァキア国民委員会を結成し、フランス降伏後はロンドンで臨時政府を創設した。ドイツ軍の侵入によりミュンヒェン体制は無効となり、一九三八年以前のチェコスロヴァキアは合法的に存在するというのがベネシュの立場であった。ミュンヒェン会談の当事者であったチェンバレンに代わってイギリス首相となったチャーチルは、一九四一年七月にベネシュの政権を承認し、他国もこれに続いた。イギリス軍やフランスのレジスタンスの中には、多くのチェコ人やスロヴァキア人も加わっていた。一九四一年の独ソ戦開始後、チェコ人やスロヴァキア人はソ連軍にも参加して戦った。

ベネシュ（1884 ～ 1948） プラハで外務大臣として、またジュネーヴで国際連盟の主要メンバーとして平和と安定のために尽力。しかし大統領としての職務は困難を極めた。写真はプラハのロレッタ広場に立つ像。

ティソ（1887 ～ 1947） カトリックの司祭。1939 年以降は首相、さらに大統領として独立国スロヴァキアを率いた。ユダヤ人迫害やスロヴァキア国民蜂起鎮圧の罪を問われ、戦後に処刑されたが、その評価はいまだに定まらない。

さらにベネシュは一九四三年一二月にモスクワでソ連との相互援助条約を結び、共和国再建の準備を進めた。また、戦後にズデーテン・ドイツ人を共和国から追放するプランもすでに明確になっていた。

［上］**スロヴァキア国民蜂起**
約2カ月間、スロヴァキア中部を掌握した後、山岳地帯に退いて終戦までゲリラ戦を展開した。
［下］**バンスカー・ビストリツァ**
中部スロヴァキア山間部の鉱山町。中心部には美しい町並みが残る。1944年8月29日、ここで国民蜂起が宣言された。

モスクワでは、チェコから亡命した共産党員ゴットヴァルトらが独自の活動を展開していた。一九二一年に創設されたチェコスロヴァキア共産党は、第一共和国時代には合法政党であった。しかしミュンヘン会談後に指導者の一部はソ連に亡命し、一部は本国で地下に潜伏して抵抗運動に着手していた。亡命勢力と国内抵抗運動の連携により、一九四三年にスロヴァキア国民評議会が設立され、その本部が置かれたバンスカー・ビストリツァを拠点に、四四年八月から武装蜂起、いわゆるスロヴァキア国民蜂起が展開された。これはドイツ軍によって鎮圧され、大量の犠牲者を出したが、一部は山中に逃れて大戦終了までパルチザン戦を展開した。この蜂起は、スロヴァキア人の間に、自力でファシズムと戦った国としての強力な自負を植えつけることになった。

すでにドイツの劣勢が明らかとなっていた一九四五年三月、再度モスクワを訪問したベネシュらにより、ファシズムと戦ったすべての政党による国民戦線政府の結成が協議され、これをもとに、四月五日に、ソ連軍により解放されたコシツェで臨時政府が設立された。こうしてチェコスロヴァキア復興が現実の日程に上ったが、ポトカルパツカー・ルスはウクライナの一部として戦後の領土から切り離されていた。四月末までにはスロヴァキアとモラヴィアの大部分がソ連軍により解放され、独立国スロヴァキアは崩壊した。チェコの西側からはアメリカ軍が入ったが、プルゼニよりも東へは進まなかった。五月一日にモラヴィアのプシェロフで生じた蜂起は五日にはプラハにまで拡大した。そして九日、ほぼ戦闘が止んでいたプラハにソ連軍が入り、戦争は終了した。チェコスロヴァキアにおける第二次大戦の犠牲者は約三七万人と推定されている。

第10章 冷戦期のチェコスロヴァキア

国民戦線内閣から「二月の勝利」へ

復興したチェコスロヴァキアは、戦前とは大きく様相の異なる国家になった。ベネシュはかねてからの方針に従い、大統領令でドイツ系およびハンガリー（マジャール）系住民、対独協力者の財産凍結・没収など定めた。しかし国内では終戦直後から、ナチスの支持者であったかどうかに関わりなくドイツ人に対する無差別の報復が生じ、各地で多くの犠牲者を出した。一九四五年八月にポツダム会談において正式にドイツ系住民の「移送」が決まり、結果として五〇年までに、約三二〇万人のズデーテン・ドイツ人のうち九五パーセント以上がドイツなどへ去った。これは総人口の約二割にあたる。無人となった土地は新たにチェコ人やスロヴァキア人の住みかとなった。ドイツ側ではこれを「ドイツ人追放」問題として、長く記憶にとどめることになる。ハンガリー政府との間では住民交換について合意が成立し、数万人のハンガリー人が去っ

ドイツ系住民の移送
チェコ西部のマリアーンスケー・ラーズニェから、ごくわずかの所持品とともに強制退去させられ、貨車に載せられる人々。

たが、それでもスロヴァキアの人口の一割以上をなおもハンガリー人が占めた。

戦後の政権は、ファシズムに対抗した諸政党（チェコ共産党、スロヴァキア共産党、社会民主党、国民社会党、人民党、民主党）による国民戦線内閣であり、土地改革の徹底、主要産業の国有化などが進められた。一九四六年五月に行われた総選挙では、共産党が共和国全体で三八パーセント、チェコに限れば四〇パーセント以上の票を獲得した。ただしスロヴァキアでは三〇パーセントにとどまった。選挙の結果を受け、共産党党首ゴットヴァルトが首相に就任し、国民戦線内閣を率いていくことになった。

［上］**プラハのカレル橋を行進する共産党の民兵**
共産党は自ら組織し、武装させた民兵をプラハに集め、反対勢力に対する圧力をかけた。
［下］**ゴットヴァルト**（**1896～1953**）
チェコスロヴァキア共産党（1921年5月結成）の指導者として活動し、第二次大戦中はソ連に亡命。45年に国民戦線の議長としてプラハに戻った後、社会主義国家建設への歩みを進めた。

一九四七年六月にアメリカがヨーロッパ復興を目的にマーシャル・プランを発表すると、チェコスロヴァキアは当初これを受け入れる意向を示した。しかしスターリンが、ソ連とチェコスロヴァキアの同盟関係が損なわれるとして撤回を求めたため、政府はこれに従った。冷戦の本格化とともに、東西両陣営間で微妙なバランスを保ちつつ国家を運営していくことは難しくなり、政府部内では共産党と他の諸政党との緊張がしだいに高まっていた。

一九四八年二月、共産党の強権的手法に反発した国民社会党、人民党、民主党の閣僚が、首相に退陣を迫る目的で大統領に辞表を提出した。しかし社会民主党の閣僚がこれに同調しなかったため、閣僚の半数以上が内閣に残ることになり、逆に共産党に反撃の機会を与えることになった。共産党によって組織された民兵やデモ隊がプラハに集結して圧力をかける中、ゴットヴァルトは新たな閣僚名簿を大統領に提示した。それは国民戦線内閣の形をとっていたが、事実上共産党主導の政権であった。二月二五日にベネシュはこれを受け入れ、その夜、ゴットヴァルトはプラハ旧市街広場で「労働大衆の勝利」を宣言した。この事件はクーデター的性格が強いが、その後の体制においては輝かしい「二月の勝利」として宣伝されることになった。

この直後の三月一〇日、初代大統領の子で外相を務めていたヤン・マサリクは、外務省の建物の窓の下で遺体となって発見された。その死の真相はいまだ不明のままである。体調を崩していたベネシュは六月七日に辞任し、ゴットヴァルトが大統領となった。

全体主義の導入

この時期、労働者階層を中心に共産党が一

定の支持を集めていたことは事実である。必ずしも党の実態を示すものではないとはいえ、一九四九年の時点で人口の六分の一にあたる二三一万人が共産党員であった。

これを背景に、事実上の独裁政権を築いた共産党は、ソ連のスターリン体制をモデルに急速に権力集中を進めた。一九四八年五月に新憲法が採択され、同月行われた議会選挙は、あらかじめ指定された統一候補者名簿方式によるものであった。共産党に同調しない政治家は排除されて一部は亡命の道を選び、国民戦線は政権の正当性を保証するための形だけのものとなった。党の支配は社会一般にもおよび、体育団体ソコルを始めとする民間の各種団体は禁止され、労働組合も単に党の方針を伝達するだけの機関となった。新聞、雑誌、放送などのメディアは厳しい検閲の対象となり、政府の方針と異なる報道は不可能になった。人々は自宅のラジオで密かに西側の放送に耳を傾けた。

統制は学術や文化にも及び、自発的団体は禁止され、文学者たちはチェコスロヴァキア作家同盟という単一組織にまとめられた。一九五二年にはチェコスロヴァキア科学アカデミーが創設されて、学術研究一切をつかさどった。

また、冷戦下の緊張が高まるにつれ、一般民の外国旅行も制限された。一九五一年には、オーストリアおよび西ドイツとの間の約七〇〇キロメートルにおよぶ国境線沿いに、立ち入り禁止の幅広い「国境地帯」が設けられ、高圧電流の流れる防御柵が設置された。一九五五年にはワルシャワ条約機構が結成され、チェコスロヴァキアを含むソ連・東欧諸国の政治的・軍事的同盟の体制が整った。

当時猛威をふるった粛清は、この時代の政

共産党の宣伝ポスター
工場労働者の男性と農民女性は社会主義国家建設の宣伝に欠かせないモチーフ。

鉄のカーテン（ズノイモ近郊チージョフ付近）
国境線から1～2キロメートル手前に二重の防御柵と監視塔が設けられ、地雷や防御設備が備えつけられた。現在、一部は写真のように史跡として保存されている。

［右］**プラハ大司教ヨゼフ・ベラン**（**1888～1969**）
政府はカトリック教会も容赦なく弾圧した。これに抵抗したベランは、1949年から63年まで軟禁状態に置かれ、釈放後は亡命先のローマで母国の宗教活動支援に身を捧げた。

［左］**チェコスロヴァキア青年同盟第1回大会**（**1950年**）
共産党の指導下で、青少年のあらゆる活動を一本化するべく1949年に設立された。後に社会主義青年同盟と改称した。

治がいかに深い相互不信に満ちたものであったかを物語る。「反動に対する闘い」の旗印のもと、約一〇〇万人が「裏切り者」として共産党から追放され、多くの人々が職場を追われ、約二三万人が懲役刑を宣告された。著名な軍人や政治家も「階級の敵」探しの対象となり、第二次大戦で活躍したピーカや、国民社会党のホラーコヴァーなどが見せしめの政治裁判にかけられて処刑された。粛清は共産党内部にもおよんで多くの犠牲者を出し、一九五二年には、ついに共産党書記長スラーンスキー自身が入念に仕組まれた政治裁判の犠牲となって葬り去られた。かつての「同志」を追い落とすのに決まった方針はなかったが、処刑されたクレメンティスや、終身刑判決を受けたフサークのように、スロヴァキア人がしばしば「ブルジョア民族主義者」の烙印を捺されて標的にされた。この時期の粛清によって処刑された人々は一七八名にのぼるとされている。

一九四九年に発足した経済相互援助会議（ＣＯＭＥＣＯＮ）の中で、チェコスロヴァキアは主に工業生産を担う国として位置づけられた。同年、政府は第一次五カ年計画を採用し、重化学工業、機械工業中心の経済体制作りに邁進した。労働者たちは、国有化された工場で、政府の策定したノルマに従って生産活動に従事した。農業の集団化も徹底的に進められ、一九五〇年代末には農業人口の大半は集団農場に組織されていた。国をあげて経済成長をめざした結果、国民一人当たりの消費額も上昇し、六〇年代半ばには戦前の水準を上回った。

政府はソ連を模倣して、「自然を手なずける」という目的のもと、社会主義建設の一環としての大規模な「国土改良」にも着手した。農業においては、トウモロコシ、米など新しい作物の栽培が計画され、ソ連で導入された

オストラヴァのクンチツェの製鉄所
製鉄業は社会主義国家建設のための基幹産業に位置づけられた。写真は「クレメント・ゴットヴァルト新製鉄所」（1955年当時）。

理論にもとづく家畜の品種改良も進められた。ただし国土の自然条件をまったく考慮しない稲作推進計画は間もなく放棄されている。また危機的な住宅不足への対応策として、プラハを始めとする都市の郊外には統一規格による団地が建てられた。工業化の重点地域であったシレジアのオストラヴァ近郊には、ハヴィージョフその他の衛星都市が新たに建設され交通機関で結ばれ、近代化を象徴するような都市群を形成した。

工業化や人口増による電力不足は水力発電で補われた。特に国境付近のリプノからプラハ近郊までだけで標高差五〇〇メートルを超えるヴルタヴァ川は魅力的な電力源であり、スラピ、オルリーク、リプノなどの大規模ダムが建設されて、景観は大きく様変わりした。こうした大規模な開発はしばしば自然条件を無視して強引に進められたが、当時こうした事業は体制の違いを超えて世界各国で展開されていたことも忘れてはならないだろう。

プラハのスターリン像 本人が死去した2年後の1955年、プラハを北から見下ろすレトナー公園に建てられたが、7年後に破壊された。現在は台座だけ残され、メトロノーム型のオブジェが設置されている。

ニトラの農業大学 ジェジェチェクおよびミニョフスキーの設計による、機能主義的なキャンパス（1960年代）。社会主義政権下で、都市空間もまた新たな時代にふさわしいものが求められた。

スパルタキアーダの大会
戦間期にソコルが開いていた体育大会は1948年を最後に禁止されたが、これに代わる形で1955年から、共産党主導の大会スパルタキアーダが5年に1度開催された。

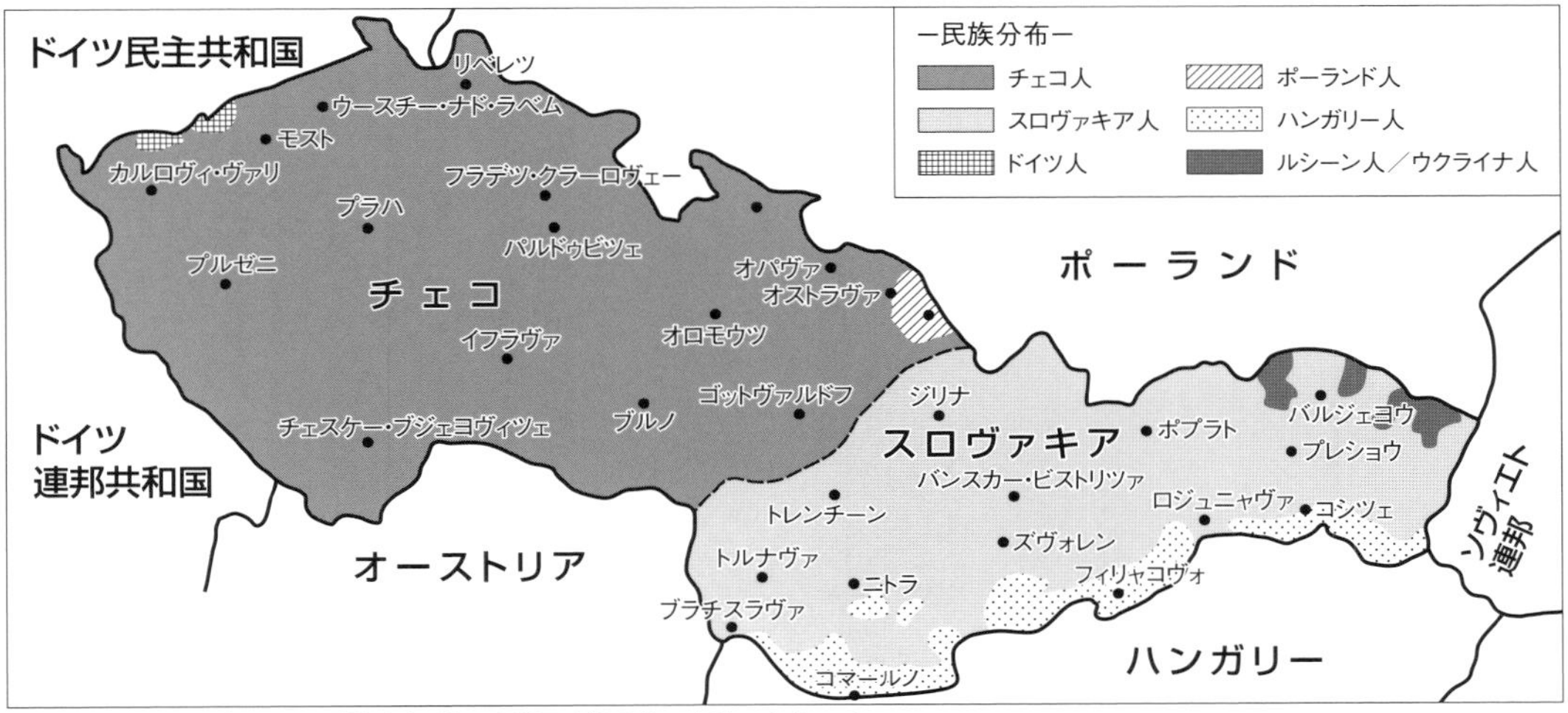

1961年チェコスロヴァキアの民族分布 第二次世界大戦直後の変動により、チェコ人とスロヴァキア人で全人口の94%を占めた。このほか、この図には表れないが、特にスロヴァキアを中心にロマ系住民も居住している。

一九五三年、スターリンとゴットヴァルトが相次いで死去した。ソ連共産党はその後路線の転換を図り、一九五六年の党大会で「非スターリン化」が基本方針となった。しかしチェコスロヴァキアでは、後任の大統領ザーポトツキー、そして一九五七年からは党第一書記と大統領を兼ねたノヴォトニーのもとで、なおもスターリン時代と大きく変わらない体制が続いた。詩人のフルビーンやサイフェルトらのように、人権の抑圧に対する勇気ある批判の声もあったが、硬直した体制は変わらなかった。一九六〇年に制定された憲法には共産党の指導的役割が明記され、行政単位としてのスロヴァキアの存在も否定されて、国名はチェコスロヴァキア社会主義共和国になった。

オタ・シク（1919〜2004） 第二次大戦中は非合法の共産党員として強制収容所に送られていた。戦後は科学アカデミーの経済研究所を率い、1968年の事件後はスイスへ亡命。89年以降、経済改革の顧問として復帰した。

しかしまさにこの頃から、実情に合わない計画を推し進めた結果として、経済の失速が明らかになりつつあった。国民の消費生活よりも国家事業を優先させた工業化は、物資の不足となって国民を直撃した。政府も方針を転換せざるをえなくなり、経済学者オタ・シクを中心とする委員会に経済改革案を作成させ、その提案を一九六五年に採択して、市場原理を一部取り入れていくことになった。

その後もなお、形だけの改革を掲げて権力システムには手を加えず、政治的な圧力を緩めない政府に対して、一九六七年六月に開かれた作家同盟第四回大会において批判が噴出し、作家のクンデラやヴァツリークが公然と政府を攻撃した。第二次大戦直後の状況を直接経験していない若い世代の登場も、社会に変化の機運を生じさせた。党内の改革派や地方組織からも批判されたノヴォトニーは一九六八年一月五日に党第一書記を辞任し、後任にはスロヴァキア人アレクサンデル・ドゥプチェクが選出された。

プラハの春とその挫折

ドゥプチェクは、チェコスロヴァキア共産党指導部の中では比較的知名度の低い人物であったが、ソ連で長く過ごした経験や持ち前の調整力により、新たな指導者の役割を期待されていた。一九六八年三月にノヴォトニーは大統領をも辞任し、後任には第一次・第二次大戦の双方で活躍した将軍ルドヴィーク・スヴォボダが選ばれた。

新たな指導部は、保守派と改革派の間でバランスをとりつつ、また一九五六年のハンガリー事件のようなソ連の介入を招かないように、慎重に改革を進める必要があった。めざすのはあくまで社会主義体制の枠内での改革、いわゆる「人間の顔をした社会主義」であり、「党の指導的役割」も維持された。改革の具体的内容は四月五日に党中央委員会が採択した行動綱領によって示され、言論の自由、人権と財産権の保障、国外も含めた旅行の自由、粛清による犠牲者の名誉回復などが盛り込まれていた。経済面では、企業の自由裁量の範囲を拡大する方針が示されたが、目標は市場経済への移行ではなく、計画経済と市場原理の調和であった。また、チェコ人とスロヴァキア人が対等な立場で共存することも確認された。

ドゥプチェク（**1921～92、中央**）**とスヴォボダ**（**1895～1979、中央向かって右**）
ドゥプチェクは少年時代を両親とともにソ連で過ごし、50年代にはモスクワで政治学を学んだ。スヴォボダはチェコスロヴァキア軍団でも活躍した経験を持つ軍人。

社会には、二〇年ぶりに訪れた自由な体制を協力して守ろうとする気分があふれ、各種の団体が復活して活動を繰り広げた。検閲が廃止されたため、メディアではさまざまな社会問題が論じられ、自由な意見交換が行われた。しかし一方で、他のワルシャワ条約機構諸国がチェコスロヴァキアの自由化の行き過ぎに警戒心を持っていることも伝えられた。こうした情勢を背景に、党が主導する改革を支持してヴァツリークが起草し、各界著名人を含む約七〇名の署名を集めた「二千語宣言」が六月二七日に発表され、国内外で大きな反響を呼んだ。

ドゥプチェクは就任後間もない一月末にモスクワを訪れ、ソ連指導部に対して、チェコスロヴァキアが「ソ連との友好と同盟」を原則としていることを伝えた。しかし三月末に東ドイツのドレスデンで開かれたソ連・東欧六カ国首脳会議では、各国から深刻な懸念が伝えられた。

五月初めにモスクワを訪れたドゥプチェクらに対して、ソ連指導部は「反革命の脅威」を取り除くために措置をとることを要請した。またこの際の取り決めに従い、六月下旬にチェコスロヴァキア領内で二万四〇〇〇名が参加してワルシャワ条約機構の大規模な軍事演習が行われ、終了後もソ連軍はチェコスロヴァキア領内に留まった。八月三日にブラチスラヴァでソ連や東欧各国の首脳部が集まって開かれた会合では、「社会主義の成果を守ることはあらゆる社会主義国共同の義務である」との宣言が発せられた。

八月二〇日から二一日にかけての夜、兵力五〇万人に上るワルシャワ条約機構軍がチェコスロヴァキア領内に侵攻した。共産党最高幹部会はこれを国際法の原則を踏みにじるものとして非難し、組合やジャーナリスト組織なども次々と非難声明を発表した。ソ連側は、チェコスロヴァキアが「反革命との闘い」への援助を要請したことに対する「同胞的支援」であると反論した。チェコスロヴァキア軍は、一切抵抗してはならないという命令を受けており、二一日夜には全土が条約機構軍によって掌握された。メディアの拠点が占拠されると、報道関係者たちは地下に潜伏して情報発信を続け、人々は通りを行き交う戦車に対してデモをしかけたり、街路の表示板を外すなどの非暴力的手段で抵抗した。二二日にはプラハ北東部のヴィソチャニ地区で一二〇〇人以上が集まって共産党の第一四回臨時党大会が開かれ、改革続行の方針が確認された。

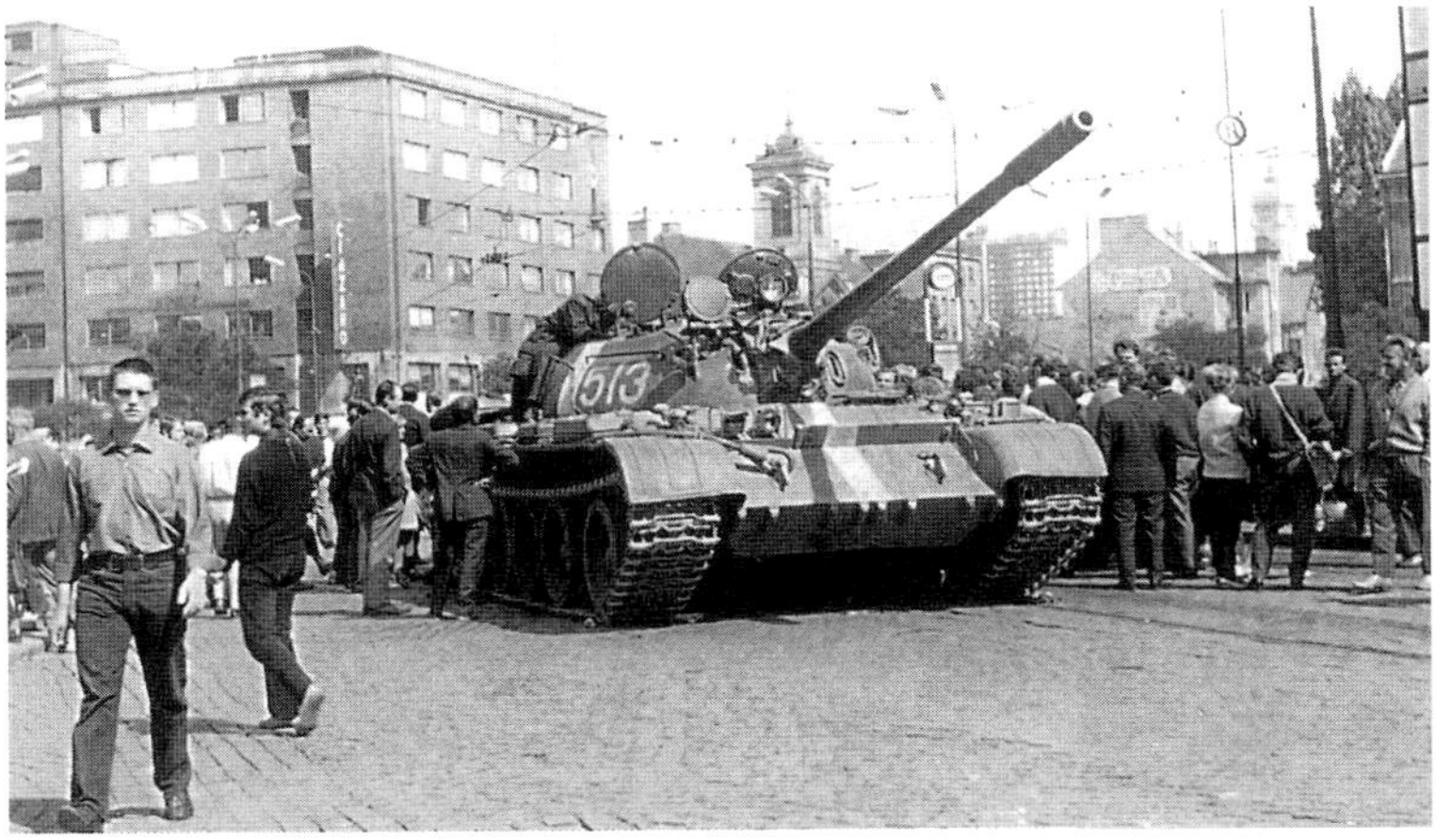

1968 年 8 月 21 日ブラチスラヴァ
ワルシャワ条約機構軍の戦車を取り囲んで抗議の意思を示す市民たち。

この時の軍事行動に際して、全体で約二〇〇名の犠牲者が出たといわれる。いずれも戦闘行為ではなく事故によるものとされているが、その詳細については現在でも議論の対象になっている。

ソ連側は侵攻と同時にドゥプチェクやスムルコフスキーなどチェコスロヴァキア共産党首脳をモスクワに連行し、軍事介入の正当性を認めるよう迫った。スヴォボダがモスクワを訪れて交渉した結果、ドゥプチェクらの帰国が実現したが、二六日に成立したモスクワ議定書により、第一四回臨時党大会の取り消しや検閲の復活などが決められた。改革が武力によって圧し潰されたことは明らかであった。プラハに戻った首脳部は、国民に向かって政治的現実を直視するよう呼びかけ、党の指導部を信頼するよう訴えた。

共産党中央委員会は八月三一日にモスクワ議定書を承認したが、将来の方針をめぐって党内はなおも揺れ動いていた。ソ連側はメディアなどを利用してさまざまな圧力をかけ続け、一〇月一六日には、ソ連軍の事実上の無期限駐留を認める協定が結ばれた。

国民はなおも改革の続行を求め、一〇月から一一月にかけて街頭で大規模な抗議行動が展開された。翌一九六九年一月一六日、プラハのヴァーツラフ広場で学生ヤン・パラフが、抗議の遺書を残して焼身自殺を図り、三日後に死亡した事件は人々に大きな衝撃を与えた。三月にはストックホルムでアイスホッケーの世界選手権大会が開かれ、対ソ連戦に勝利したニュースが伝えられると、熱狂した一部の

グスターウ・フサーク（1913 ～ 91）
1969 年以降、正常化体制の指導者として、ソ連との密接な協力のもとで国内の安定に努めた。しかし反対勢力の抑圧や経済の停滞に対する不満もしだいに高まっていった。

ファンによるソ連関係のオフィス襲撃事件が生じた。「秩序の早期回復」を求めるソ連側の圧力がさらに強まる中、中央委員会が開かれ、四月一七日にドゥプチェクは党第一書記を辞任してグスターウ・フサークが後任となった。

こうして「プラハの春」の改革は挫折したが、唯一の成果として連邦化法案が一九六八年一〇月に議会で承認され、六九年一月一日に、プラハを首都とするチェコ社会主義共和国とブラチスラヴァを首都とするスロヴァキア社会主義共和国からなる連邦国家が成立した。チェコスロヴァキア共産党が独裁的な権限を維持している以上、スロヴァキアの自立は多分に名目的なものであったとはいえ、プラハ優位の体制に対するスロヴァキア側の長年の主張が形だけでも実を結んだことの意義は決して小さくはない。

［上］**旧連邦議会議事堂（プラハ）**
1969 年、連邦化の実現に伴い議会も連邦議会へと改組され、1973 年にはかつての証券取引所の建物（左奥）を大幅に増築する形で議事堂も完成した。現在は国民博物館の一部となっている。
［下］**「2 月の勝利」記念日**
1989 年まで、毎年 2 月 25 日に、48 年の共産党主導の政権確立を記念する祝典が行われた。写真はプラハのパリ通りを行進する兵士たち。

「正常化」体制

新たな指導者の地位に就いたフサークは、スロヴァキア人共産党員として第二次大戦中の抵抗運動で活躍し、また一九五〇年代には粛清の対象となって終身刑判決を受けたものの、後に釈放されて党の活動に復帰していた。ドゥプチェクが指導する体制のもとでは改革派の一人とみなされていたが、第一書記（後に書記長に改称）となってからは党による厳格な統制にもとづく「正常化」路線へと大きく転換した。一九七〇年にはソ連との間に友好協力相互援助条約を成立させ、ソ連指導部の確実な後ろ盾を得た。そして一九七五年に、スヴォボダの後を継いで大統領にも就任した。

フサークによる「正常化」がまず着手したのは大規模な粛清であった。一九五〇年代のような見せしめの裁判は差し控えられ、厳刑が下されることもなかったが、その影響は広範囲におよんだ。共産党内では一般党員も含めて厳しい審査が行われ、多数が党から追放された。改革の機運の中で自発的に結成された各種の団体は再び禁止され、青年組織は社会主義青年同盟へと一本化された。プラハのラジオ局職員約五〇〇名が解雇され、文化・文学関係の雑誌が多数廃刊となった。警察による監視の目は日常生活の隅々にまでおよび、人々は自分がブラックリストに載せられるのではないかという不安に常につきまとわれた。ただしスロヴァキアにおいては、チェコに比べると、政治的・社会的なしめつけは緩かったといわれる。

学術機関も粛清の対象となり、科学アカデミー所属の研究者約一二〇〇名が職を失い、閑職にまわされるか、あるいは単純労働に従事させられた。こうした新たな粛清の結果として、一九七一年末までに、各方面の専門家や知識人らを中心に一三万人から一四万人が国を去った。

フサーク時代の特徴は、一切の批判的言動を容赦ない統制と監視によって抑えこむ一方で、体制に異議を唱えない限り、一定水準の社会生活が維持できるよう、政権側も配慮していたことである。社会を覆う閉塞感と無気力感は否定しようもなかったが、国民の側にも、東西冷戦の厳しい環境の下ではやむを得ない、として現状を冷めた目で受け入れようとする傾向が見られた。

五カ年計画が再び導入され、一九七〇年代半ばまでの経済活動は比較的順調であった。工業生産は拡大し、一九七五年には一〇人に一人が自動車を所有していた。スーパーマーケットなどでは、品質をあまり問題としなければとりあえず必要な生活物資を調達できた。

人口は一九七〇年の一四三四万人から八〇年の一五二八万人へと増加し、また都市への人口集中も進んだ。一九六〇年代後半には、プラハの西郊に市街地と緑地を調和させた一種の理想都市のようなベッドタウンを建設する構想も浮上していた。これは計画だけに終わったが、代わりに中心部を大きく取り囲むような形で多数の団地群が登場した。プラハでは一九二〇年代から路面電車を地下に走らせる計画があったが、六〇年代末からソ連の援助を得て本格的な地下鉄建設が進められ、七四年に一部が開通してソ連製の車両が市民たちを運んだ。

連邦を構成する共和国の首都となったブラチスラヴァも急速に発展した。ドナウ川を隔ててブラチスラヴァ旧市街の対岸に位置するペトルジャルカは、一九一九年に国境線が確定した際、主に戦略的観点からチェコスロヴァキアに組み込まれた地区であるが、七〇年代以降大規模開発が進められ、現在では人口一〇万人を超える住宅地となっている。

都市の郊外に小さな菜園付きの別荘を持ち、週末をそこで過ごすのは多くの国民の楽しみであった。同じ社会主義圏のいくつかの国を除いて、国外への旅行は非常に難しかったが、国内の豊かな自然を生かした保養所などで、人々は毎年、長期の休暇を楽しんだ。

しかし融通に欠ける計画経済の限界が明らかになるのは時間の問題であった。チェコスロヴァキアは原材料の約三分の一を輸入に頼り、特に原油や天然ガスをソ連に依存していたため、一九七〇年代後半以降の原油価格上昇は大きな打撃であった。生産現場に自由裁

［上］**ブラチスラヴァ城からみたドナウ川**
片側にだけ塔が立つ独特な吊り橋「SNP 橋（スロヴァキア国民蜂起橋）」は1972 年完成。対岸はペトルジャルカ地区の集合住宅群。
［下］**書店の前の行列**
正常化時代には、新刊書の発売は毎週木曜日と決められていた。人気作家の新作などが発売される日には、開店前から長い行列ができた。

量の余地がない限り、旧式の技術と非効率なシステムからの脱却は難しく、経済停滞の影響は少しずつ国民の日常生活にも現れ始めた。人々は、限られた報道を通して伝えられる西側諸国の豊かな消費生活との落差を強く意識するようになった。

　原子力発電も、エネルギー不足克服の重要な手段と位置づけられていた。しかしオーストリア国境から約六〇キロメートルの距離にあるテメリーンに新たに計画された原子力発電所は、国際的な反対運動を招くことになる。また、工場設備の老朽化や放漫な経営などに起因する環境汚染も、政府があえてこれを伏せたにもかかわらず、国民の危機感を募らせていった。

体制転換

　体制に批判的な一部の知識人は、監視の目をかいくぐって地下出版物などを通じて密かに情報を交換し合った。一九七五年に全欧安全保障協力会議においてヘルシンキ宣言が調印され、ここに人権保護規定が含まれていたことも、反体制派の活動を勇気づけた。また一九七六年にロックグループのメンバーが逮捕された事件は、政治性を持たなくても自由奔放な気分を歌い上げるだけで弾圧されるという現実を見せつけた。翌年一月、劇作家ハヴェル、哲学者パトチカ、元外相ハーイェクらが政府の人権侵害を批判する宣言を発表し、「憲章七七」の名で呼ばれる反体制運動の出発点となった。

　プラハの裕福な家庭に生まれたヴァーツラフ・ハヴェルは、その出自のゆえに進学の機会を阻まれたが、劇作家として活動しつつ政治や社会を批判し、特に正常化体制のもたらす道徳的退廃の恐ろしさを訴えた。繰り返し投獄されたが姿勢を曲げることなく、しだいにディシデント（異論派）のリーダー的存在とみなされるようになっていく。

　一九八〇年代に入ると、長期間抑圧のもとに置かれた宗教の分野でも新たな動きが生じた。一九八五年には聖メトディオス没後一一〇〇年記念の式典に一五万人以上が集まった。一九八八年にはプラハの聖ヴィート大聖堂において、一三世紀の福者アネシュカを讃えるミサが挙行され、集まった人々は宗教活動の自由を求めるスローガンを唱和した。

　ソ連との密接な協力関係のもとに成立したフサークの体制は、社会主義国の主権は必要な場合には制限されうるといういわゆる「ブレジネフ・ドクトリン」を重要な支えとしていた。しかし一九八二年にブレジネフが死去し、八〇年代後半にゴルバチョフ書記長の下でソ連が「建て直し」、いわゆるペレストロイカを始動させ、他国には干渉しない方針に

［上］**1989年11月17日** プラハ中心部で向き合うデモ隊と警官隊。横断幕には「我々は暴力を望まない」「すべての人に民主主義を」と書かれている。
［下］**変革を求める人々** 共産党による一党支配の打破と民主化を求める運動は、11月20日頃から全国に拡大し、各地で大規模なデモが行われた。写真はブルノ中心部の自由広場。

転換すると、チェコスロヴァキアの保守的体制はしだいに取り残されていく。ポーランドやハンガリーにおいて政府と各勢力との間で対話が進み、体制が見直されようとしていることも、身近なニュースとして伝えられていた。

　侵攻二〇年目を迎える一九八八年八月にはプラハで一万人規模のデモが行われ、この頃から人々は、警官隊との衝突をあえて承知の上で公然と抗議活動を繰り広げていく。一九八九年九月、ハンガリー政府が国内滞在中の東ドイツ国民の西側への出国を認めると、プラハでは西ドイツ大使館へ多くの東ドイツ国民が駆け込み、いよいよ事態が切迫していることを実感させた。

　一一月一七日、プラハで学生を中心に、第二次大戦中のナチスによる学生弾圧の犠牲者を追悼する集会が開かれ、当局も許可していた。しかし終了後、その一部が民主化を求めるデモ隊となって中心部に向かうと、警官隊がこれを阻止し、手荒な暴力を用いて解散させた。これをきっかけに翌日から抗議行動が広がり、一九日にはハヴェルらが中心となって、民主主義をめざす人たちのオープンな団体としての「市民フォーラム」が結成された。翌日にはスロヴァキアでもこれに対応する組織「暴力に反対する公衆」が立ち上げられ、両者はコンタクトをとり始めた。ヴァーツラフ広場は民主化を求める人々で連日埋め尽くされ、二三日からはレトナー公園に場所を移して集会が開かれた。共産党は緊急会合を開き、フサークの後を継いで書記長となっていたヤケシュは辞任したが、多くの指導部メンバーは留まった。二七日に予定された二時間のゼネストは全国民のほぼ半数の参加を得て実施され、共産党や政府の指導力の限界を明らかにした。

　政府は市民フォーラム代表者らとの交渉に入り、二九日に連邦議会は憲法から共産党の「指導的役割」条項を削除した。一二月三日に新内閣が組織されたが、なおも大多数を共産党員が占めたため、民主化勢力の受け入れるところではなかった。一〇日、新たにチャルファが首相として内閣を組織し、ここで共産党員は半数以下となった。同日、フサークは大統領を辞任した。ほぼ二〇年ぶりに公の場に復帰したドゥプチェクが連邦議会議長となり、二九日、連邦議会はハヴェルを大統領に選出した。暴力的手段を伴わずに成し遂げられたこの体制転換は、まもなく「ビロード革命」と呼ばれるようになる。

ハヴェル（1936 ～ 2011）
大統領としての宣誓に署名しているところ。1960 年頃から演劇人として活躍した。正常化時代には活動を禁じられ、しばしば投獄されたが、人間の良心をむしばむ体制に対して鋭い批判を浴びせ続けた。

連邦解体とその後

チェコスロヴァキアの解体

政権交代を実現させたチェコスロヴァキアがまず取り組むべき課題は、政治の民主化、市場経済の導入、そして「ヨーロッパへの回帰」であった。

一九九〇年六月に行われた議会選挙では、予想通りチェコの「市民フォーラム」とスロヴァキアの「暴力に反対する公衆」が勝利した。これらは体制転換を進めた人たちを中心とした一種の大同団結的組織であったが、まもなく政党結成の動きが進み、チェコでは「市民フォーラム」の一部を引き継ぐ市民民主党が、スロヴァキアでは「民主スロヴァキア運動」が最も有力な政党となった。

対外的な意味での「冷戦構造からの脱却」はひとまず順調に進んだ。ワルシャワ条約機構は一九九一年七月に解散し、チェコスロヴァキアに駐留していたソ連軍の撤退もこの頃完了した。新たな国際協力の枠組みとして一九九一年二月にハンガリーのヴィシェグラードで開かれた会談をもとに、九二年、チェコ、スロヴァキア、ポーランド、ハンガリーは中欧自由貿易協定（CEFTA）に調印した。

しかし国内では、チェコとスロヴァキアの関係をめぐって議論が巻き起こった。問題はまず、国名を「チェコスロヴァキア連邦共和国」（Československá Federativní Republika）とするか「チェコおよびスロヴァキア連邦共和国」（Česká a Slovenská Federativní Republika）とするかといった、体面に関する事柄から始まり、これは一九九〇年四月に、後者を採用することで落ち着いた。しかし国の体制をめぐる議論はさらに続き、しだいにこのまま連邦を維持するべきかどうかという問題へと発展していった。

チェコとスロヴァキアは最終的になぜ分裂したのか、納得のいく説明は難しい。少なくとも両国民の間にいわゆる民族的対立感情はほとんどない。しかしこの時期スロヴァキア側で、「今度こそ自分たちの手で国づくりを」という機運が生じたのは、社会主義期にそうした議論が厳重に封印されていた分、自然な流れであったともいえる。それは時に、独立への願望という形で表明されることもあり、また長らく「ドイツのファシストによる傀儡政権」として断罪されてきた第二次大戦期のスロヴァキア国を、最初の独立国家として高く評価する論者も現れた。

しかし一方のチェコではそうした議論はほとんど受け入れられず、一九一八年に成立させたプラハ中心の「チェコスロヴァキア」を今後も維持することに疑念はなかった。このような連邦国家に関するイメージの食い違いは、国の基本にかかわるだけに修復が難しかった。さらに、スロヴァキア側は体制転換に伴う負担を自分たちが余計に被っていると受け止め、チェコ側はスロヴァキアの方が連邦体制の恩恵を受けているとみなすなど、多少の認識のずれはあった。ただし完全な国家分裂を主張する声はスロヴァキア側も含めてほとんどなく、仮に分離するにしても、国家連合のような結びつきが想定されていたといわれる。

そうした中で一九九二年六月に選挙が行われた。チェコではヴァーツラフ・クラウス率いる市民民主党が、スロヴァキアではヴラジミール・メチアル率いる「民主スロヴァキア運動」が勝利し、両者間で連邦の将来をめぐって議論が続けられた。しかし急速な経済転換を主張するクラウスと、スロヴァキアの事情を考慮して漸進的改革を求めるメチアルとのへだたりは大きく、連邦を解消させなければ有効な改革も打ち出せないとする見方がしだいに強くなっていった。

　スロヴァキア国民議会は七月一七日に国家主権宣言を、九月一日にはスロヴァキア共和国憲法を可決した。ハヴェルは大統領としての職務の遂行が不可能という理由で辞任した。一一月二五日に連邦議会は連邦解消法を可決し、一二月一六日にはチェコ国民議会もチェコ共和国憲法を可決した。そして一二月三一日に連邦国家チェコスロヴァキアは解消し、翌一九九三年一月一日に、継承国家としてのチェコ共和国とスロヴァキア共和国が誕生した。

分裂後の政権

　チェコでは、改めてハヴェルが大統領に選出され、クラウスを首相とする市民民主党中心の連立政権に改革が委ねられた。クラウスは、すでに連邦時代から財務大臣として市場経済への転換に着手しており、中小企業の競売、かつて共産党政権によって没収された財産の返還などが進められていた。独特なのは、一九九一年に開始された「クーポン制民営化」、すなわち国民がクーポンを購入し、これと引き換えに株式を獲得する方法である。チェコでは分離後の一九九三年にその第二弾が実行された。これは急成長した投資ファンドに多くの株式が集中するという思わぬ結果も招いたが、民営化のための手段としては効果をあげ、市場経済への転換は迅速に進んだ。失業率も低く抑えられ、一九九五年には経済協力開発機構への加盟も実現した。

　しかし一九九〇年代後半になると、資本市場の未整備、経常収支の悪化などが原因とな

クラウス（1941〜、左）とメチアル（1942〜、右）
経済の専門家クラウスは市民民主党党首、また首相として長年チェコの政治をリードした。法律家出身のメチアルは強権的な政治手法を批判されたが、選挙では根強い支持を獲得した。

連邦共和国時代の国章
二股の尾の白いライオン（チェコ）は王国時代から用いられてきたもの。3つの山に二重十字架（スロヴァキア）もハンガリー時代にさかのぼる。この2つの配置をめぐって激しい議論が起こった。

投資ファンドのオフィス前に並ぶ人たち
クーポン制民営化は、株式投資を代行する会社の急成長という結果をもたらした。写真はプラハのリチーシスカー通り（騎士通り）の風景（1993年1月）。

って経済危機が生じた。また民営化にからむ政治的スキャンダルが頻発したこともあり、クラウスは一九九七年一二月に辞任に追い込まれた。一九九八年の選挙では社会民主党が第一党となり、党首ミロシュ・ゼマンが首相として、EU加盟という目標を見据えた改革を担っていくことになった。なおクラウスは二〇〇三年に、引退したハヴェルの後継者として大統領に選出されている。

　スロヴァキアでは大統領にミハル・コヴァーチが選出され、メチアルが引き続き首相として政権を担った。社会主義政権が残していった重工業中心の経済体制からいかに転換するかが課題であり、当初は高い失業率に悩まされたが、一九九〇年代後半からはやや持ち直した。ハンガリー人（マジャール人）が人口の約一割を占めているが、政治的・社会的に目立った対立があるわけではなく、九五年にはハンガリーとの間に善隣友好協力条約も結ばれている。

　しかしメチアルの政治手法には権威主義的な性格が強く、これを批判したコヴァーチとの間に対立が生じて政治の不安定要因となった。また一九九四年に右派色の強いスロヴァキア国民党が連立政権に加わると、政権はマイノリティを冷遇する傾向を示し始めた。

　民営化に関しても、メチアルはクーポン方式を一時中断し、その一方で政権に近い人物を優遇するなどしたために批判をあびた。また、強権的手段によるメディアの管理も問題とされた。こうした理由によりスロヴァキアは民主化の不徹底を指摘され、当面の課題であるEU加盟の交渉で遅れをとった。またハンガリーとの間では、社会主義時代に着手された、ドナウ川のガプチーコヴォ・ナジマロシュのダム建設をめぐり、建設を中止したハンガリー側と続行するスロヴァキア側とで紛争が生じ、国際司法裁判所に持ち込まれた。

　こうした中で迎えた一九九八年の選挙は国民の高い関心を集め、野党三党にハンガリー人政党を加えた大連立政権への交代が実現した。首相となったスロヴァキア民主連立のミクラーシュ・ズリンダは、思い切った改革路線をとり、国際的信用の回復をめざした。

NATOとEUへの加盟

　チェコにとって、外交面では、隣国ドイツとの安定した関係を築くことが何よりも重要であった。しかしそのためには、半世紀の間、避けられてきた「ドイツ人追放」問題の克服が前提となる。かつてのズデーテン・ドイツ人がドイツ各地で作った同郷人会は、ベネシュ大統領令の破棄と補償を求め続けていた。一方でチェコ側としては、保護領時代の経験を忘れるわけにはいかず、また一九八九年一二月に、道義的な立場から「追放」に関して謝罪の意を表明したハヴェルに対しては国内からの反発もあった。両国間の交渉が続けられた後、最終的に一九九七年一月に「チェコ・ドイツ和解宣言」調印され、公式にはこの問題は解決をみた。

　そして「ヨーロッパへの回帰」は、現実には北大西洋条約機構（NATO）およびヨー

ズリンダ（**1955〜**）スピシュ地方出身。1998年から8年近くにわたってスロヴァキア首相を務め、政治や社会の改革を進めて、チェコと同時のEU加盟を実現させた。

ロッパ連合（EU）への加盟という目標となって現れ、スロヴァキアは一九九五年、チェコは九六年にEU加盟申請を行った。チェコは一九九九年三月にポーランド、ハンガリーとともにNATOに加盟した。スロヴァキアはこれより遅れたが、二〇〇四年三月に加盟を果たした。

　EU加盟は、EU自体が統合強化の過程にあったこともあり、非常に労力を要する作業となった。一九九三年の「コペンハーゲン基準」で将来の加盟国に求められたのは、安定した民主制度、競争力のある市場経済、加盟国としての義務を果たす能力の三点である。これらをもとに、政治・法制度、経済政策、社会体制など広範囲にわたり、EU基準への適合が求められ、膨大な事務的作業が続くことになった。チェコは後述するロマへの対応などを問題とされたが、加盟交渉の第一グループとして手続きを進めた。政治制度などを理由につまずきをみせたスロヴァキアも、ズリンダ政権の下で遅れを取り戻した。そして最終的に二〇〇四年五月一日に、両国は他の中東欧諸国やキプロス、マルタとともにEUへの加盟加盟を果たした。

　しかし細部にわたる注文を突きつけられ、延々と続いた加盟交渉が、大きな疲労感を両国民に与えたことも事実である。「ヨーロッパへの回帰」というスローガンに当初こめられた熱狂はすっかり冷め、チェコ大統領クラウスのようにEU懐疑論を語る人も多かった。もちろんEU加盟が両国民にもたらした恩恵は大きい。安定した自由で平和な社会、そして高度な生活水準は、まさに「ヨーロッパへの回帰」によって実現したと実感されているであろう。しかし自由な社会とグローバリゼーションがもたらす各国共通の問題、特に一部に見られる格差の広がりや、それに伴う社会問題は、両国においてもやはり見過ごすことはできない。

マイノリティへの差別

　ここでは、両国が直面する問題の一つとして、一部に見られる排外的、差別的傾向について触れておきたい。もちろんそれは他のヨーロッパ諸国に比べて、特に目立つわけではない。二〇一五年を頂点としてヨーロッパ全体で大きな議論になったいわゆる難民危機は、両国にあまり直接の影響を与えなかった。ただし両国とも難民受け入れの負担に関しては、消極的な態度をとっている。

　当面、両国が取り組むべき大きな問題は、国内に居住するマイノリティ、特にロマに対して時に見られる差別的言動である。第二次大戦下の迫害のため大きく減少したロマは、戦後再び増加した。その割合はチェコでは統計上は〇・一パーセントだが、実際には二〜三パーセント、スロヴァキアでは一〇パーセントに近いともいわれる。すでに一八世紀から政策的に定住化が進められてきたが、特に共産党政権はロマの社会的統合を強力に進め、多くは一般の労働者と同じ生活をするようになった。それは時にはロマの意に沿わない場合もあったかもしれないが、最低限必要な社会的地位がともかく保障されたことも事実である。

　しかし体制転換後、一部で差別的行動や迫害が再び目立ち始め、極右集団などによる攻撃で犠牲者も出るようになった。そうした中で一九九九年に、チェコ北部ウースチー・ナド・ラベムでロマの居住する地区に市が壁を築く計画を立てたことが大きくとりあげられた。行政側としては、近隣住民とのトラブル防止のための苦肉の策のつもりであったが、図らずも問題の大きさを知らしめることになった。政府はロマへの教育支援など対策をとっているが、長年彼らがおかれてきた、低所得、低学歴の状況からの脱却は容易ではない。中には人気取りが目的でマイノリティへの差別をあおる発言を繰り返す政治家もいる。

二国の未来

二〇〇〇年代に入ってからもなおしばらく、チェコでは中道左派の社会民主党、中道右派の市民民主党をそれぞれ中心とする勢力がほぼ拮抗する状態が続いた。二〇一三年にはゼマンが大統領に当選し、現在二期目を務めている。しかし政治家のスキャンダルや汚職がしばしば問題となり、二〇一〇年代に入ってからは既成政党離れの傾向も顕著になっている。二〇一七年の選挙では「アノ二〇一一」（ANOは「不満な市民たちの行動」の頭文字だが、YESの意味にもなる）が第一党となり、同党の創設者で実業家のアンドレイ・バビシュが現在まで政権を担当している。

フィツォ（1964〜）
「スメル・社会民主」の創設者。2006年から、2年間の中断をはさんで2018年までスロヴァキア首相を務め、政治・経済の安定に実績をあげた。

スロヴァキアでは、二〇〇六年の選挙で社会民主主義的な「スメル・社会民主」（Smerは「方向」の意）が政権を獲得した。首相ロベルト・フィツォは、民主スロヴァキア運動やスロヴァキア国民党と連立を組んだが、政策的にはズリンダの中道右派路線がほぼ継承されている。二〇〇九年には通貨がスロヴァキア・コルナからユーロに切り替えられた。スメル・社会民主は一時の中断をはさんで長期間政権を維持したが、二〇二〇年の選挙の結果、「オリャノ」（OL'ANOは「一般人と非党派人」の頭文字）を中心とする連立政権へと交代した。また、二〇一九年には、リベラル派のズザナ・チャプトヴァーが、チェコスロヴァキア時代も含めて女性として初の大統領に当選し、話題になった。

チェコとスロヴァキアが二〇世紀の終わりに自由な市民社会を手に入れてから、すでに三〇年が経過した。その間、平和も続いた。そしていずれも、ＥＵを帰属先として自発的に選び取った。両国ともにヨーロッパ諸国の一員としてすっかり定着していることは、日常的な風景からも実感できる。この環境は両国にとって最適のものであろうし、チェコ、そしてスロヴァキアを名のる国家が、この状態で今後も平穏に維持されていくことが、多くの国民の望みであろう。連邦解体・分離も間違った選択肢ではなかったように思われる。

しかし現在の両国の社会は、二〇世紀初頭に国民国家を創って以来の歴史の中で、かなり「均質化」が進んだ結果としてあることは、忘れてはならない。ここまでの長い歴史の過程で見てきたように、どちらの国の社会も本来は、言語、宗教、習慣などが異なる様々な人間集団から成り立っていた。今後も平和で安定した社会を築いていくためには、そうした過去の歴史から学び取れることが数多くあるに違いない。

そして両国とも、時代ごとにさまざまな国際環境のもとに置かれてきた。時には別の国家の一部であったり、他国と緊密に連携したり、あるいはその影響下に組み込まれたりしてきた。現在の状況は、そうした歴史の結果としてたどりついた一つの到達点である。そして国際環境も絶えず変化しており、ＥＵも新たな時代への対応を迫られている。チェコとスロヴァキアがこれからの時代の中で平和と繁栄をいかに維持していくのか、注目していきたい。

あとがき

この一〇年ほどの間、筆者は共同研究の一環として、あるいは単なる個人的な興味で、チェコ各地の国境地帯を何度か訪れた。二〇〇七年にチェコとスロヴァキアがシェンゲン協定に加わって以来、EU加盟国との間の国境通過は完全にフリーである。訪問先では、かつて動乱に見舞われた地域の住民たちが国境を超えて共通のイヴェントを企画する様子や、鉄のカーテンがあったがゆえに残された貴重な自然環境の保全に取り組む姿などに接することができた。あるいは、かつては国境沿いの伝統産業の中心だった街が、一九九〇年代以降、過酷な国際競争に直面してさびれてしまい、何とか活路を見出そうと奮闘している姿も目にした。ヨーロッパの内奥部にある小規模な国で、人々の生きる環境は刻々と変化している。

以前、筆者が『図説　チェコとスロヴァキア』を執筆したのは、両国が冷戦時代の残滓をほぼ完全に払拭し、「ヨーロッパへの回帰」を成しとげた時期であった。自由な環境のもとで人々の生活も豊かになり、外国人が国内を旅行する際にもほとんど何の不自由もなくなった。現地に漂う一種の達成感のようなものを感じながら、筆者も筆を進めていた。

その後、両国とも基本的には平穏な道のりを歩んできたが、すでにかなりの時間が経過した。チェコもスロヴァキアも、今また新しい時代に向かって、ゆっくりと移行しつつあるように心のどこかで思うとすれば、それは何よりも、この二つの国をとりまく環境が変わりつつあるからであろう。

改めて歴史を振り返れば、どちらの国も、時代を通じて、ヨーロッパ全体の大きな流れの中で絶えず変化し、国の輪郭も、社会も、そして時には住む人々さえも移り変わってきた。そこに生きてきた人々の姿に迫ろうとする歴史研究もさかんになっている。筆者の力量ではそのごくわずか一部しか参照することができなかったが、それでも可能な限り両国の多様な姿を見つめ、なおかつ大きな歴史の流れをつかもうとしたのが本書である。

そして日本においても、これらの国々の歴史や社会をさまざまな角度から扱った、優れた研究が進められている。参考文献リストにおいてそれらすべてを紹介する余裕がなかったことは、お許しいただければと思う。そして最後に、筆者が本書にとりかかるまで辛抱強く待ってくださり、多くの助言を寄せてくださった編集部の渡辺史絵氏に心からお礼を申し上げたい。

二〇二一年秋

薩摩秀登

	チェコ史、スロヴァキア史	ヨーロッパ史
6～7世紀	— スラヴ人の移住・拡大	アヴァール人がドナウ川中流域に進出
805	— カール大帝によるチェコ遠征	
820頃	— モラヴィア国成立	
863頃	— キュリロスとメトディオス、モラヴィアに赴任	
890頃	C:ボジヴォイがチェコの君主としての地位確立(プシェミスル朝 ～1306)	
890年代	—	マジャール人がドナウ川中流域に進出
929	C:ヴァーツラフ(聖)が東フランク王ハインリヒ1世に臣従	
962	—	オットー1世が皇帝戴冠
973	C:プラハ司教座創設	
997	C:アダルベルト(聖)の殉教	
1000	S:ハンガリー王イシュトヴァーン1世戴冠(アールパード朝 ～1301)	
1063	C:オロモウツ司教座創設	
1075	—	叙任権闘争起こる
1085	C:ヴラチスラフ2世が王の称号を認められる	
1158	C:ヴラジスラフ2世が王の称号を認められる	
1212	C:皇帝フリードリヒ2世の「シチリアの金印勅書」。チェコの君主に王の称号を永続的に承認	
13世紀頃	— 大規模な国土開発や都市建設が進む	
1241	S:モンゴル軍によるハンガリー攻撃	
1273	—	ハプスブルク家のルドルフ1世をドイツ王に選出
1278	C:デュルンクルートの戦い。プシェミスル・オタカル2世戦死	
1306	C:ヴァーツラフ3世暗殺。プシェミスル朝断絶	
1308	S:シャルル・ロベールがハンガリー王即位(アンジュー朝 ～1382)	
1309	—	教皇庁がアヴィニョンに移る
14世紀初め	S:マトゥーシ・チャークが現在のスロヴァキアの領域を支配	
1310	C:ヨハンがチェコ王即位(ルクセンブルク朝 ～1437)	
1344	C:プラハ司教座が大司教座に昇格	
1346	C:カレル4世がドイツ王およびチェコ王に即位(～1378)	
1348	C:カレル4世、「チェコ王冠諸邦」創設、プラハ新市街創設、プラハ大学創設、カルルシュテイン城着工	
1355	C:カレル4世、ローマで皇帝戴冠	
1356	—	皇帝カレル(カール)4世、「金印勅書」発布
1378	—	教会大分裂(～1417)
1387	S:ジギスムント(ジグモンド)、ハンガリー王に即位	
1389	C:プラハでユダヤ人居住区(ゲットー)襲撃事件	
1396	S:ハンガリー王ジグモンド、ニコポリスでオスマン帝国軍に大敗	
15世紀初め	C:プラハ大学でウィクリフの教会批判をめぐる議論が激化	
1415	C:ヤン・フス、コンスタンツ公会議で火刑	
1419	C:プラハ新市街の市庁舎襲撃事件	
1420	C:プラハ近郊ヴィートコフの丘の戦い	
1423	S:ハンガリー王ジグモンド、ロマに王国内の移動の自由を認める	
1434	C:リパニの戦い。急進フス派の敗北	
1436	C:「バーゼル協約」締結。ローマ・カトリック教会とウトラキストが和解	
1440頃～	S:ヤン・イスクラ、現在のスロヴァキア領域を約20年間にわたって支配	
1453	—	オスマン帝国、コンスタンティノープルを征服
1458	S:マーチャーシュ・コルヴィーン、ハンガリー王に即位(～1490) C:ポジェブラディのイジー、チェコ王に即位(～1471)	
1465	S:ブラチスラヴァに大学創設(約20年で消滅)	
1471	C:ヴワディスワフがチェコ王に即位(ヤゲウォ朝 ～1526)	
1479	C:オロモウツの和約	
1485	C:クトナー・ホラの協定(カトリックとウトラキストが和解)	

C:チェコ　S:スロヴァキア　CS:チェコおよびスロヴァキア

	チェコ史、スロヴァキア史	ヨーロッパ史
1490	S:ウラースロー（ヴワディスワフ）がハンガリー王即位（ヤゲウォ朝 〜1526）	
1500	C:チェコ王国議会が「ヴワディスワフの領邦条令」を成立させる	
1514	S:ハンガリーでドージャの叛乱	
1517	—	ドイツで宗教改革起こる
16世紀前半	S:レヴォチャで彫刻家パヴォルが活躍	
1526	CS:フェルディナント1世がチェコ王およびハンガリー王に即位（ハプスブルク朝 〜1918）	モハーチの戦い
1529	—	オスマン帝国軍、ウィーン攻撃
1540頃	S:オスマン帝国がハンガリー中央部を支配。ハンガリー三分割。ブラチスラヴァがハプスブルク家によるハンガリー統治の拠点となる	
1546〜47	C:プロテスタント貴族および市民の叛乱	
1556	C:プラハにイエズス会の学院創設	
1566	C:オロモウツにイエズス会の学院創設（後のオロモウツ大学）	
1575	C:ウトラキストと同胞団が「チェコの信仰告白」提出	
1583	C:皇帝ルドルフ2世、宮廷をウィーンからプラハへ移す	
17世紀初頭	S:ユライ・トゥルゾがハンガリーのプロテスタント教会組織化を進める	
1609	C:皇帝ルドルフ2世の勅書、チェコのプロテスタントの信仰を認める	
1617	C:皇帝マティアス、宮廷をプラハからウィーンへ戻す	
1618	C:プラハ城の「投げ出し」事件。プロテスタントの叛乱勃発	三十年戦争（〜1648）
1619	C:プロテスタント貴族らが「ボヘミア連合」成立を宣言	
1620	C:ビーラー・ホラの戦い。プロテスタント側の敗北	
1621	C:プラハでプロテスタント叛乱の首謀者たち27名が処刑される	
1627	C:皇帝フェルディナント2世、チェコに対して「改定領邦条令」発布	
1628	C:皇帝フェルディナント2世、モラヴィアに対して「改定領邦条令」発布	
1635	C:プラハの和約。ラウジッツをザクセン選挙侯に割譲 S:トルナヴァに大学創設	
1640	—	イングランド清教徒革命（〜1660）
1648	C:スウェーデン軍によるプラハ攻撃 S:上部ハンガリーに合同教会設立	ウェストファリア条約（30年戦争終結）
1657	S:コシツェに大学創設	
1678	S:ハンガリー貴族テケイ・イムレの対ハプスブルク叛乱（〜1686）	
1680	C:チェコ西部、北部、東部で農民叛乱	
1686	C:モラヴィアに領邦委員会設置	
1699	S:カルロヴィッツの和約。ハンガリー全土がハプスブルク領となる	
1703	S:ハンガリー貴族ラーコーツィ・フェレンツの対ハプスブルク叛乱（〜1711）	
1714	C:チェコに領邦委員会設置	
1720	C:チェコ議会が「プラグマティシェ・ザンクツィオン」承認	
1722〜23	S:ハンガリー議会が「プラグマティシェ・ザンクツィオン」承認	
1732	C:オポチノでプロテスタントの請願運動	
1735	S:バンスカー・シチアウニツァに鉱山学専門学校創設、マチェイ・ベル『新たなハンガリーの歴史と地理に関する総覧』（〜1742）	
1740	—	オーストリア継承戦争（〜1748）
1748	C:アーヘンの和約。プロイセンによるシレジア支配が確定	
1749	C:チェコとオーストリアの行政局が統合される	
1756	—	七年戦争（〜1763）
1775	C:チェコ北東部の大農民叛乱	
1777	C:ヴァラシスコ地方でプロテスタント信仰の合法化要求運動 S:トルナヴァ大学がブダに移転。コシツェに王立アカデミア創設	
1780	S:ユライ・パパーニェク『スラヴ族の歴史』	
1781	— 皇帝ヨーゼフ2世の寛容令（信仰の自由保障）、チェコに隷農制廃止令	
1783	C:ノスティツ伯爵、プラハ旧市街に劇場建設（エステート劇場）	
1784	C:プラハの四市街が統合され、単一の市役所のもとに置かれる	
1785	S:ハンガリーに隷農制廃止令	

	チェコ史、スロヴァキア史	ヨーロッパ史
1787	S:アントン・ベルノラーク『スラヴの文字に関する言語学的・批判的論説』	
1789	—	フランス革命起こる
1790	C:チェコ王立学術協会発足	
1792	C:ヨゼフ・ドブロフスキー『チェコの言語と文学の歴史』	
1804	— オーストリア帝国発足	
1805	C:スラフコフ(アウステルリッツ)の戦い。オーストリアとロシアの連合軍がフランス軍に敗北	
1806	—	神聖ローマ帝国廃止
1818	C:チェコ民族博物館創設	
1831	S:スロヴァキア東部の農民叛乱	
1834	C:ヨゼフ・ユングマン『チェコ語・ドイツ語辞典』(~1839)	
1836	C:フランチシェク・パラツキー『ベーメン(ボヘミア)史』第1巻、カレル・ヒネク・マーハ「5月」	
1844	S:文化団体「タトリーン」創設	
1845	C:プラハーオロモウツ間に鉄道開通	
1848	C:隷農制廃止など要求。スラヴ会議開催 S:「スロヴァキア国民の請願書」採択 — オーストリア帝国議会で憲法草案作成(~1849)	フランス、ドイツ諸邦、オーストリア、ハンガリーなどの革命
1849	— オーストリア政府、帝国議会を強制解散 S:ハンガリー議会が独立宣言。ロシア軍投入により、ハンガリー革命軍敗北	
1851	— オーストリア政府が「ジルヴェスター勅令」発布	
1855	C:ボジェナ・ニェムツォヴァー『おばあさん』	
1860	— オーストリア政府、「十月勅書」発布	
1861	— オーストリア政府、「二月勅令」発布。帝国審議会と領邦議会を設置　S:マルティンで「スロヴァキア国民のメモランダム」採択	
1863	S:マルティンにマチツァ・スロヴェンスカー創設(1875閉鎖)	
1866	— オーストリア・プロイセン戦争。ケーニヒグレーツの戦い	
1867	— オーストリア・ハンガリー二重君主国成立。オーストリア側で憲法発布	
1868	C:プラハの国民劇場の定礎式	
1873	— ウィーンの株式市場で大暴落	
1878	—	ベルリン会議
1880	C:シュトレマイアーの言語令	
1881	C:プラハの国民劇場完成(同年焼失、1883年再建)	
1882	C:プラハ大学がドイツ語部門とチェコ語部門に分割される　C・S:プラハに「ジェトヴァン」創設	
1890	C:プラハのヴァーツラフ広場に国民博物館完成	
1891	C:プラハで内国博覧会	
1897	C:オーストリア首相バデーニによる言語令(1899年撤回)	
1907	S:アメリカ合衆国クリーヴランドでスロヴァキア人連盟結成	
1908	— オーストリア・ハンガリーがボスニア・ヘルツェゴヴィナを併合	
1914	—	第一次大戦(~1918)
1915	C・S:クリーヴランド協定	
1916	C・S:パリでチェコスロヴァキア国民評議会設立	
1917	—	ロシア十月革命
1918	C・S:シベリアでチェコスロヴァキア軍団事件起こる。皇帝カール1世退位。 CS:チェコスロヴァキア共和国建国宣言。大統領マサリク選出	
1919	CS:ブラチスラヴァにコメンスキー大学創設。マチツァ・スロヴェンスカー再興	ヴェルサイユ講和条約
1921	CS:チェコスロヴァキア、ルーマニア、ユーゴスラヴィアが小協商結成	
1924	CS:フランスとの同盟成立	
1925	CS:スロヴァキア人民党がフリンカ・スロヴァキア人民党に改称	
1929	—	世界恐慌始まる

	チェコ史、スロヴァキア史	ヨーロッパ史
1933	CS:ズデーテン・ドイツ郷土戦線結成（1935ズデーテン・ドイツ党に改称）	
1935	CS:ソ連と相互援助条約。大統領ベネシュ選出	
1938	CS：ミュンヒェン会談。ドイツがズデーテン地方併合。ベネシュ辞任。スロヴァキアとポトカルパツカー・ルスが自治獲得。第二共和国成立（〜1939）	ドイツがオーストリアを併合
1939	S:スロヴァキア独立。大統領ティソ選出 C:チェコとモラヴィアがドイツの保護領となる（〜1945）	第二次大戦（〜1945）
1942	C:総督代理ハイドリヒ暗殺。リジツェとレジャーキの虐殺事件	
1944	S:スロヴァキア国民蜂起	
1945	CS:コシツェで臨時政府樹立。チェコスロヴァキア共和国復興。国民戦線政府結成。ベネシュが大統領復帰（〜1948）。ドイツ系住民の「移送」開始	
1946	CS:総選挙で共産党が第一党となる	
1948	CS：共産党の政権獲得（二月事件）。新憲法採択。大統領ゴットヴァルト選出	
1949	CS:第一次五カ年計画開始	経済相互援助会議結成
1955	— ワルシャワ条約機構結成	
1960	CS:新憲法制定。国名をチェコスロヴァキア社会主義共和国と定める	
1968	CS：共産党第一書記にドゥプチェク選出。大統領スヴォボダ選出。改革路線本格化（プラハの春）。ワルシャワ条約機構軍が侵攻。ソ連軍は、その後も引き続き駐留	
1969	CS:連邦制導入。共産党第一書記にフサーク選出。正常化体制始まる	
1975	CS:大統領フサーク選出	ヘルシンキ宣言
1977	CS:ハヴェル、パトチカ、ハーイェクらが人権抑圧を批判（「憲章77」）	
1987	—	ソ連のペレストロイカ開始
1989	CS：改革要求の運動拡大。「市民フォーラム」「暴力に反対する公衆」結成。大統領ハヴェル選出（ビロード革命）	東欧各国で体制転換
1990	CS:「市民フォーラム」と「暴力に反対する公衆」主導の連立政権成立	
1991	CS:ソ連軍撤退完了	ワルシャワ条約機構解散
1992	CS：選挙で市民民主党（チェコ、党首クラウス）と民主スロヴァキア運動（スロヴァキア、党首メチアル）が勝利。スロヴァキア国民議会が国家主権宣言。中欧自由貿易協定（CEFTA）締結。連邦解体	
1993	— チェコ共和国およびスロヴァキア共和国成立 C:大統領ハヴェル選出。市民民主党中心の連立政権成立（首相クラウス） S:大統領コヴァーチ選出（〜1998）	
1995	S:ハンガリーと善隣友好協力条約締結	
1997	C:「チェコ・ドイツ和解宣言」	
1998	C:社会民主党政権成立（首相ゼマン） S:スロヴァキア民主連立中心の連立政権成立（首相ズリンダ）	
1999	C:北大西洋条約機構（NATO）加盟	
2004	C:ヨーロッパ連合（EU）加盟 S:北大西洋条約機構加盟。ヨーロッパ連合加盟	
2006	C:選挙で中道右派と中道左派が同数議席獲得 S:「スメル・社会民主」政権成立（首相フィツォ）	
2017	C:「アノ 2011」中心の連立政権成立（首相バビシュ）	
2019	S:大統領チャプトヴァー選出	

主要参考文献

- Hugh Agnew, *The Czechs and the Lands of the Bohemian Crown*, Stanford (Ca.), Hoover Institution Press, 2004.
- Nora Berend (ed.), *Christianization and the Rise of Christian Monarchy. Scandinavia, Central Europe and Rus'c. 900－1200*, Cambridge, Cambridge University Press, 2007.
- Nora Berend / Przemyslaw Urbanczyk / Przemyslaw Wiszewski, *Central Europe in the High Middle Ages. Bohemia, Hungary and Poland, c.900-c.1300*, Cambridge, Cambridge University Press, 2013.
- Václav Bůžek a kolektiv, *Společnost českých zemí v raném novověku. Struktury, identity, konflikty*, Praha, Nakladatelství Lidové noviny, 2010.
- Jaroslav Čechura, *Selské rebelie roku 1680*, Praha, Libri, 2001.
- Petr Čornej, *Český stát v době jagellonské*, Praha / Litomyšl, Paseka, 2012.
- Dějiny Prahy, *I. Od nejstarších dob do sloučení pražských měst (1784)*, Praha / Litomyšl, Paseka, 1997, *II. Od sloučení pražských měst v roce 1784 do současnosti*, Praha / Litomyšl, Paseka, 1998.
- *Dějiny zemí koruny české, I. Od příchodu Slovanů do roku 1740, II. Od nástupu osvícenství po naši dobu*, Praha / Litomyšl, Paseka, 1993.
- Jiří Hanzal, *Cikáni na Moravě v 15. až 18. století*, Praha, Nakladatelství Lidové noviny, 2004.
- David Kalhous, *České země za prvních Přemyslovců v 10. – 12. století. I. díl. Čeled sv. Václava*, Praha, Libri, 2011. *II. díl. Svět doby knížecí*, Praha, Libri, 2013.
- František Kavka, *Karel IV. : Historie života velkého vladaře*, Praha, Argo, 2016.
- Jiří Kejř, *Jan Hus známý i neznámý*, Praha, Karolinum, 2009.
- Jiří Kejř, *Die mittelalterlichen Städte in den böhmischen Ländern. Gründung- Verfassung- Entwicklung*, Köln / Weimar / Wien, Böhlau, 2010.
- Dušan Kováč, *Dějiny Slovenska*, Praha, Nakladatelství Lidové noviny, 1998.
- Václav Ledvinka / Jiří Pešek, *Praha*, Praha, Nakladatelství Lidové noviny, 2000.
- Ivan Mrva, *Slovenské dejiny pre každého*, Bratislava, Perfekt, 2016.
- Natalia Nowakowska (ed.), *Remembering the Jagiellonians*, London / New York, Routledge, 2019.
- Jaroslav Pánek / Oldřich Tůma a kolektiv, *Dějiny českých zemí*, Praha, Karolinum, 2008.
- Tomáš Pěkný, *Historie židů v Čechách a na Moravě*, Praha, Sefer, 2001.
- Ferdinand Seibt, *Karl IV. Ein Kaiser in Europa 1346 bis 1378*, München, Süddeutscher Verlag, 1978.
- *Slovenské dejiny od úsvitu po súčasnosť*, Bratislava, Perfekt, 2015.
- Pavel Soukup, *Jan Hus. Život a smrt kazatele*, Praha, Nakladatelství Lidové noviny, 2015.
- Geoffrey Swain / Nigel Swain, *Eastern Europe since 1945*, 5th Edition, London, Palgrave, 2018.
- František Šmahel, *Husitská revoluce, 1. Doba vymknutá z kloubů, 2. Kořeny české reformace, 3. Kronika válečných let, 4. Epilog bouřlivého věku*, Praha, Univerzita Karlova, 1993.
- František Šmahel, *Husitské Čechy. Struktury, procesy, ideje*, Praha, Nakladatelství Lidové noviny, 2001.
- František Šmahel, *Jan Hus, Život a dílo*, Praha, Argo, 2013.
- Mikuláš Teich / Dušan Kováč, Martin D. Brown(eds.), *Slovakia in History*, Cambridge, Cambridge University Press, 2011.
- Peter A. Toma / Dušan Kováč / *Slovakia. From Samo to Dzurinda*, Stanford (Ca.), Hoover Instituion Press, 2001.
- Dušan Třeštík, *Počátky Přemyslovců: vstup Čechů do dějin (530－935)*, Praha, Nakladatelství Lidové noviny, 1997.

- Martin Wein, *A History of Czechs and Jews, A Slavic Jerusalem*, Praha, London / New York, Routledge, 2015.
- 阿部賢一『複数形のプラハ』人文書院、2012年
- 岩崎周一『ハプスブルク帝国』講談社現代新書、2017年
- R・J・W・エヴァンズ、新井皓士訳『バロックの王国――ハプスブルク朝の文化社会史1550-1700年』慶應義塾大学出版会、2013年
- 大津留厚編『「民族自決」という幻影――ハプスブルク帝国の崩壊と新生諸国家の成立』昭和堂、2020年
- 小澤実、薩摩秀登、林邦夫『辺境のダイナミズム』(ヨーロッパの中世3)、岩波書店、2009年
- 神原ゆうこ『デモクラシーという作法 スロヴァキア村落における体制転換後の民族誌』九州大学出版会、2015年
- 桐生裕子『近代ボヘミア農村と市民社会――19世紀後半ハプスブルク帝国における社会変容と国民化』刀水書房、2012年
- 桑野隆、長與進編著『ロシア・中欧・バルカン世界のことばと文化』成文堂、2010年
- 薩摩秀登『プラハの異端者たち――中世チェコのフス派にみる宗教改革』現代書館、1998年
- 薩摩秀登『物語 チェコの歴史――森と高原と古城の国』中公新書、2006年
- 薩摩秀登『図説 チェコとスロヴァキア』河出書房新社、2006年
- 薩摩秀登編著『チェコとスロヴァキアを知るための56章』(第2版)、明石書店、2009年
- 篠原琢、中澤達哉編『ハプスブルク帝国政治文化史――継承される正統性』昭和堂、2012年
- 中澤達哉『近代スロヴァキア国民形成思想史研究――「歴史なき民」の近代国民法人説』刀水書房、2009年
- 中田瑞穂『農民と労働者の民主主義――戦間期チェコスロヴァキア政治史』名古屋大学出版会、2012年
- 中根一貴『政治的一体性と政党間競合――20世紀初頭チェコ政党政治の展開と変容』吉田書店、2018年
- 橋本信也『せめぎあう中東欧・ロシアの歴史認識問題――ナチズムと社会主義の過去をめぐる葛藤』ミネルヴァ書房、2017年
- 林忠行『中欧の分裂と統合――マサリクとチェコスロヴァキア建国』中公新書、1993年
- 林忠行『チェコスロヴァキア軍団―ある義勇軍をめぐる世界史―』岩波書店、2021年
- 福田宏『身体の国民化――多極化するチェコ社会と体操運動』北海道大学出版会、2006年
- 藤井真生『中世チェコ国家の誕生――君主・貴族・共同体』昭和堂、2014年
- 南塚信吾編『ドナウ・ヨーロッパ史』(新版世界各国史19)山川出版社、1999年
- 森下嘉之『近代チェコ住宅社会史――新国家の形成と社会構想』北海道大学出版会、2013年
- ヤーン・ユリーチェク、長與進訳『彗星と飛行機と幻の祖国と:ミラン・ラスチスラウ・シチェファーニクの生涯』成文社、2015年

地図制作:小野寺美恵

●著者略歴

薩摩秀登（さつま・ひでと）
一九五九年、東京生まれ。現在、明治大学教授。一橋大学大学院博士課程修了。社会学博士。著書に『王権と貴族――中世チェコにみる中欧の国家』（日本エディタースクール出版部）、『プラハの異端者たち――中世チェコのフス派にみる宗教改革』（現代書館）、『物語　チェコの歴史』（中央公論新社）、編著書に『チェコとスロヴァキアを知るための56章』（明石書店）がある。

ふくろうの本

図説　チェコとスロヴァキアの歴史

二〇二二年一〇月二〇日初版印刷
二〇二二年一〇月三〇日初版発行

著者……………………薩摩秀登
装幀・デザイン…………日向麻梨子（オフィスヒューガ）
発行者…………………小野寺優
発行……………………株式会社河出書房新社
〒一五一-〇〇五一
東京都渋谷区千駄ヶ谷二-三二-二
電話　〇三-三四〇四-一二〇一（営業）
〇三-三四〇四-八六一一（編集）
https://www.kawade.co.jp/
印刷……………………大日本印刷株式会社
製本……………………加藤製本株式会社

Printed in Japan
ISBN978-4-309-76308-8
落丁本・乱丁本はお取り替えいたします。

本書のコピー、スキャン、デジタル化等の無断複製は著作権法上での例外を除き禁じられています。本書を代行業者等の第三者に依頼してスキャンやデジタル化することは、いかなる場合も著作権法違反となります。